Hartwin Brandt KONSTANTIN DER GROSSE

Hartwin Brandt

KONSTANTIN DER GROSSE

Der erste christliche Kaiser

Eine Biographie

Verlag C.H.Beck

Mit 19 Abbildungen und Karten im Text und einer Stammtafel

Die erste Auflage dieses Bandes erschien 2006.

2. Auflage. 2007

Gesamtherstellung: Kösel, Krugzell
Gedruckt auf säurefreiem, alterungsbeständigem Papier
(hergestellt aus chlorfrei gebleichtem Zellstoff)
Printed in Germany
ISBN 978 3 406 54058 5

www.beck.de

FÜR ULRIKE

INHALTSVERZEICHNIS

VORWORT ZUR ZWEITEN AUFLAGE

Die Anregung, eine neue Biographie des Kaisers Konstantin zu schreiben, verdanke ich ‹meinem› mir seit Jahren durch kollegiale und fruchtbare Zusammenarbeit verbundenen Lektor Stefan von der Lahr – dafür und für die wieder einmal hervorragende Betreuung sage ich ihm und dem Hause Beck meinen herzlichen Dank.

Die Freunde Ralf Behrwald (München) und Stefan Rebenich (Bern) nahmen es auf sich, das gesamte Manuskript kritisch zu lesen. Auch ihnen gilt mein aufrichtiger Dank für ihre Mühe und ihre Ratschläge.

Ferner habe ich für ihre Hilfe bei der technischen Herstellung des Manuskriptes Frau Helga Ferch (Bamberg) zu danken.

Abschließend ein technischer Hinweis: Bislang war eine deutsche Übersetzung der «Vita Constantini» auf der Grundlage der von F. Winkelmann besorgten Ausgabe des griechischen Textes (1975, 2. Aufl. 1989) ein Desiderat, nun ist gerade erschienen: P. Dräger, «Eusebios. Über das Leben des glückseligen Kaisers Konstantin», Oberhaid 2007 (griechischer Text, deutsche Übersetzung und Kommentar). Im vorliegenden Buch ist noch die alte Übersetzung von Pfättisch (1913), auf der Ausgabe von Heikel (1902) fußend, benutzt, aber an vielen Stellen verbessert oder durch eine eigene Neuübersetzung ersetzt worden.

Bamberg, im April 2007 Hartwin Brandt

I. MYTHOS UND GESCHICHTE

Hagiographisches

Im Jahre 1912, zur Erinnerung an den 1600 Jahre zuvor nördlich von Rom errungenen Sieg Konstantins des Großen über seinen Rivalen Maxentius, ließ Papst Pius X. eine Gedenktafel an den Saxa Rubra anbringen, an den ‹roten Felsen›, die einen der wichtigen militärischen Schauplätze der Schlacht(en) vor der Milvischen Brücke im Herbst 312 gebildet hatten. Auf dieser Tafel ist eine lateinische Inschrift zu lesen, in welcher der Feldherr Konstantin der Große gepriesen wird, der hier durch göttliche Fügung *(divinitus)* den Sieg über Maxentius gewonnen und die christliche Standarte nach Rom gebracht habe und somit dem Menschengeschlecht zum Urheber einer glücklicheren Zeit geworden sei.[1] Der 28. Oktober 312, der Tag, an dem bereits nach der Darstellung der christlichen Zeitgenossen Laktanz und Eusebius von Caesarea der Kaiser Konstantin im Namen und mit Hilfe des Christengottes über den heidnischen Gegner triumphiert hat, gilt folglich gemäß päpstlich sanktionierter Auffassung dem «orbis catholicus», der katholischen Weltgemeinde, als große Zäsur in der Geschichte der Christenheit, als welthistorische Epochengrenze zwischen dem bis dato herrschenden Heidentum und dem fortan sich sukzessive durchsetzenden und seit dem späten 4. Jahrhundert als offizielle Staatsreligion dominierenden Christentum.

Diese als ‹Konstantinische Wende› in die Wissenschaftsgeschichte eingegangenen Ereignisse im Herbst 312 haben sich – in ihrer christlichen Version – als derart geschichtsmächtig erwiesen, daß sie schon in der konstantinischen Zeit selbst und in den anschließenden Jahrhunderten weit über das Mittelalter hinaus alle Konstantinbilder entscheidend geprägt haben. Ob dies auch Konstantins ureigene Sicht der Dinge gewesen ist, wird bis in unsere Tage lebhaft unter den Gelehrten diskutiert, wobei immer wieder dieselben Selbstzeugnisse des Kaisers, dieselben offiziellen Verlautbarungen (Gesetze, Inschriften und Münzen) und dieselben anspielungsreichen Bauten und Denkmäler herangezogen werden. Immerhin beruft sich bereits Konstantins wirkungsmächtiger Biograph und Zeitgenosse, der Bischof Eusebius von Caesarea, in etlichen Abschnitten seiner ‹Lebensbeschreibung des Kaisers Konstantin› immer wieder auf vermeintlich authentische Berichte und Auskünfte seines Helden, der folglich bewußt und gezielt auf die Nachwirkung seines Handelns und seiner Haltung Einfluß genommen haben dürfte.

Mit seiner bald nach dem Tode Konstantins (337) entstandenen «Vita Constantini» hat Eusebius einen in der hellenistischen Tradition enkomiastischer – dem Lobpreis dienender – Werke stehenden christlichen Fürstenspiegel komponiert, der als Prototyp seiner Gattung nahezu kanonische Bedeutung für die zahlreichen späteren Kirchengeschichten und Konstantinbiographien erlangt hat. Daher ließe sich unschwer eine Rezeptionsgeschichte des spätantiken Konstantinbildes schreiben, welches, von dem eusebianischen Urbild seinen Ausgang nehmend, über das Mittelalter und die frühe Neuzeit bis hin zum eingangs zitierten Diktum des Papstes Pius X. im frühen 20. Jahrhundert in seinen Grundzügen weitgehend konstant geblieben ist und durchgängig hagiographische Züge aufweist. Dies gilt insbesondere auch für die ersten Lebensjahrzehnte Konstantins, in denen er keine herausragende Rolle im politischen Leben des römischen Reiches spielte und die daher aus naheliegenden Gründen von den späteren Kirchenhistorikern und Biographen phantasievoll und anekdotenreich ausgestaltet werden mußten. Auf einer derartigen Basis kann selbstverständlich keine moderne wissenschaftliche Biographie entstehen, die ihren Namen wirklich verdienen und den ihrer Gattung eigenen Ansprüchen gerecht werden könnte. Demzufolge findet sich in dem vorliegenden Buch kein – für eine Lebensbeschreibung eigentlich unverzichtbares – Kapitel über ‹Kindheit und Jugend› Konstantins, denn für die Zeit vor dem Jahr 306, in welchem Konstantin zum römischen Kaiser avancierte, fehlen nahezu sämtliche notwendigen, verläßlichen, nicht christlich eingefärbten Informationen zum Leben Konstantins und zu seinem persönlichen Umfeld. Eine moderne Biographie Konstantins muß daher zu den Vorlagen der spätantiken und byzantinischen Biographien Konstantins kritische Distanz wahren. Doch läßt sich dann überhaupt eine – dem Wortsinne entsprechende – Biographie Konstantins schreiben?

Kann man das Leben Konstantins erzählen?

Im Vorfeld seines großen Projektes einer Caesar-Biographie hat Christian Meier seinerzeit höchst bedenkenswerte Überlegungen zu der «Schwierigkeit, ein Leben zu erzählen», angestellt.[2] Ausgehend von Caesars sehr persönlicher, auf seine individuelle «dignitas», seine ihm eigene Ehre und Würde abstellende Begründung für die Eröffnung des folgenreichen Bürgerkrieges im Jahre 49 vor Christus erörtert Meier das vielschichtige Problem der «Einordnung des großen Römers in seine Zeit und seine Gesellschaft» und akzeptiert die ihm als Biographen notwendigerweise gestellte «Frage nach der Größe Caesars und ihren Voraussetzungen».[3]

Analog zu diesen Prolegomena Meiers lassen sich Gedanken zu einer Konstantin-‹Biographie› (vor-)formulieren. Auch im Leben Konstantins gibt es einen Rubicon, mit dessen Überschreitung Caesar einst bekanntlich den folgenreichen Bürgerkrieg eröffnete. In diesem Fall ist es die Ausrufung Konstantins zum Kaiser im Juli 306 im heutigen englischen York, mit welcher der staatsrechtlich im Rahmen der neuen tetrarchischen Ordnung nicht legitimierte Kaisersohn zum Usurpator wurde und alles auf eine Karte setzte. Der 28./29. Oktober 312, der Sieg über Maxentius vor der Milvischen Brücke, die anschließenden Ereignisse in Rom und der Durchbruch zu einem christlichen Kaisertum markieren zwar ebenfalls hochbedeutsame Wendepunkte im Leben Konstantins, sind aber doch Folgeerscheinungen des entscheidenden Schrittes vom Sommer des Jahres 306. Auch im Falle Konstantins liegen, nicht anders als bei Caesar, ausführliche Selbstäußerungen des Protagonisten vor, die als Ausgangspunkte moderner interpretatorischer Bemühungen dienen können. Und schließlich stellen sich dann, ebenfalls nicht anders als im Falle Caesars, auch für Konstantin die Fragen nach der soziopolitischen Kontextualisierung seiner Person und nach seiner (schon durch den bereits in spätantiker und byzantinischer Zeit mit seiner Person verbundenen Beinamen ‹der Große› präjudizierten) ‹Größe›. Damit wäre man dann an einem Punkt angelangt, den auch Meier mit Blick auf seine Vorläufer, also die zahlreichen modernen Caesar-Biographen, herausstellt: Stets habe man sich, so Meier, bemüht, «Caesars Handeln oder Nicht-Handeln innerhalb des im ganzen stillschweigend vorgegebenen Rahmens der damaligen Welt (respektive dessen, was in der Althistorie dafür gilt) zu begreifen».[4] Es sei folglich stets um ‹Caesar und seine Zeit› gegangen, und dabei werden «einschlägige Fakten, Eigenarten und Grundzüge der gesellschaftlichen Zustände gleichsam als Hintergrundinformation kommentierend in den narrativen Zusammenhang eingeblendet. Die Frage ist, wie weit das ausreicht».[5]

Ähnliches gilt auch für die meisten älteren und neueren Werke zu dem ersten christlichen Kaiser, die in der Regel ‹Konstantin der Große und seine Zeit› tituliert werden.[6] Für

Meier (und seinen ‹Caesar›) reicht ein solches Konzept nicht aus – man käme bei einem derartigen Verfahren unweigerlich vom Hundertsten ins Tausendste und kaschierte oder überbrückte Informationslücken im Individuell-Persönlichen, d. h. im eigentlich Biographischen, durch notorische Ausflüge ins Allgemeine. Meier schließt aus dieser Aporie auf einen akuten Theoriebedarf des modernen Biographen: Erst ein komplexer, idealiter allumfassender Deutungsansatz ermögliche eine kontinuierliche, kausale Wechselbeziehung zwischen dem Erzählen des individuellen Lebens und seiner Verankerung im großen Ganzen: Im Fall Caesars und Christian Meiers ist dies bekanntlich die von Meier entwickelte Theorie der ‹Krise ohne Alternative›. Caesar wird nach diesem Konzept zum Exponenten einer zeitbedingten Gesamtkonstellation in Staat und Gesellschaft, insofern wäre er gerade nicht seiner Zeit weit voraus gewesen, wie es gemeinhin den großen Männern attestiert wird.[7]

Ob Christian Meier der «Schwierigkeiten, ein Leben zu erzählen», mit diesem Konzept insgesamt Herr geworden ist, mag hier unerörtert bleiben und ist auch, wie kaum anders zu erwarten, höchst kontrovers beurteilt worden – ein großer gedanklicher Entwurf ist sein ‹Caesar› allemal, und vor allem ein reflektiertes und selbstkritisches Dokument der Grenzen und Möglichkeiten biographischen Erzählens, denn auch für den dezidiert theorieorientierten Biographen Meier «muß das (biographische) Unternehmen freilich im ganzen narrativ sein».[8] Das biographische Erzählen bedarf, soweit wird man Meier gewiß folgen dürfen, eines theoretischen Rahmens und aussagefähiger Quellen, und beides ist auch im Falle Konstantins zu klären, bevor der Versuch, wenigstens einen Teil des Lebens Konstantins zu erzählen, sinnvollerweise unternommen werden kann.

Dabei mag auf den ersten Blick zunächst der Eindruck vorherrschen, daß der Theoriebedarf im Falle Konstantins vielleicht geringer ist als (möglicherweise) im Falle Caesars. Denn trotz der krisenhaften Entwicklungen in der Zeit der sogenannten ‹Soldatenkaiser› im 3. Jahrhundert befand sich das römische Reich zur Zeit Konstantins keinesfalls in einer Art politischer und gesellschaftlicher Aporie, aus der es keinen systemimmanenten Ausweg mehr gegeben hätte. Vielmehr war bereits durch die Reformen und militärischen Erfolge Diokletians und seiner Mitkaiser (284–305) die historische Gesamtsituation zu Beginn des 4. nachchristlichen Jahrhunderts nachhaltig konsolidiert worden und ist nicht mit der krisenhaften Zuspitzung am Ende der Geschichte der römischen Republik zu vergleichen. Auch lassen sich zwischen dem ‹großen› Caesar und dem ‹großen› Konstantin kaum erkennbare Verbindungslinien ziehen. Während Caesar nämlich «in der ungeheuren Bindungslosigkeit, in die er geriet, alle seine Gaben voll entfalten konnte»,[9] vollzieht sich die politische Sozialisation Konstantins in für die spätantike Kaiserzeit eher konventionellen Bahnen, und letztlich steht auch die ‹Konstantinische Wende›, d. h. die explizite Hinwendung Konstantins zum Christentum, noch in einem auf der Basis der Quellen beschreibbaren religionspolitischen Kontext, der, wie wir sehen werden, keinesfalls nur einen Bruch mit dem Vorherigen darstellt. Anders bei Caesar: «Seine Größe und sein Scheitern bildeten zwei Seiten einer Medaille, der ungeheuren Bindungslosigkeit, für die die Krise ohne Alternative die Bedingung der Möglichkeit schuf.»[10] Nach Christian Meier gilt das Gebot für den modernen Biographen, daß «man ‹Staatsmänner› nicht ohne ihre Bedingungen denken sollte»,[11] und für den Konstantinbiographen ergibt sich daraus vor allem die Einsicht, daß zu den Bedingungen, die erst den Kaiser und Christen Konstantin möglich machten, neben den neuen Modalitäten tetrarchischer Kaiserherrschaft vor allem die überragende Bedeutung des Religiösen gehörte.

Insofern besteht auch im Falle Konstantins tatsächlich die Notwendigkeit einer theoretischen Grundlegung, und die kann nur auf dem Felde der Religion gelingen, genauer gesagt:

Es ist die Omnipräsenz des Religiösen, die das Leben und Wirken Konstantins erst recht verstehbar werden läßt. Das heißt freilich nicht, die Politik gegenüber der Religion in ihrer Bedeutung zu schmälern. Vielmehr waren beide Bereiche im späteren 3. und frühen 4. Jahrhundert in ungleich stärkerer und zugleich andersartiger Weise miteinander verbunden, als dies beispielsweise noch zu Zeiten Caesars der Fall gewesen war. Konstantin – das sei bereits an dieser Stelle vorausgeschickt – hat es als erster römischer Kaiser verstanden, das seinem Anspruch nach das Leben und Denken allumfassende, keine anderen Kulte und Gottheiten neben sich duldende Christentum anzuerkennen und anzunehmen, ohne dabei seine politischen Handlungsspielräume aufzugeben oder auch nur entscheidend einzugrenzen. Der rational agierende Kaiser Konstantin behielt auch als Christ die Souveränität, eine zumindest teilweise tolerante Heidenpolitik zu praktizieren, im Dienste einer auf das Gemeinwohl, aber selbstverständlich auch auf den eigenen Machterhalt ausgerichteten Politik.

Die Omnipräsenz des Religiösen

Eine berühmte, wohl im Jahre 315 auf Geheiß des Kaisers Konstantin anläßlich seines zehnjährigen Regierungsjubiläums hergestellte und ausgegebene Festprägung, das Silbermedaillon von Ticinum (dem modernen Pavia), zeigt auf der Vorderseite den Kaiser Konstantin mit dem durch das Christogramm geschmückten Helm und einem Kreuzzepter (?), auf der Rückseite den Kaiser im Redegestus, umgeben von Soldaten, Pferden und Waffen, bekränzt von der Siegesgöttin Victoria und eingerahmt von der Legende SALUS REI PUBLICAE (Wohlergehen des Staates). Hier wird auf buchstäblich kleinstem Raum geradezu mit einem ins Bild gesetzten Totalitätsanspruch das Wohl des Staatswesens an das göttlich begnadete und beschützte Wirken des Kaisers geknüpft, wobei bemerkenswerterweise christliche und traditionell-pagane Elemente miteinander verbunden werden.[12]

Natürlich hatten schon von jeher für römische Kaiser ausgewählte Gottheiten und der herkömmliche Kult insgesamt eine überragende Rolle für ihr öffentlich vermitteltes Selbstverständnis und Handeln gespielt, aber fraglos hatten sich auch auf diesem Feld kaiserlichen Verhaltens wie auch der religiösen Disposition der Reichsbevölkerung in den krisenhaften Zuständen des 3. Jahrhunderts nach Christus bedeutende qualitative Veränderungen ergeben. Dazu gehört etwa ein verstärkter Synkretismus, ein Zusammenwachsen beziehungsweise eine Vermischung verschiedener religiöser Komponenten oder auch einzelner Gottheiten, die eine gewisse, verbreitete Neigung zu kultischer Vereinheitlichung, vielleicht gar zu henotheistischer – nur einen einzigen Gott zulassender – Gottesverehrung erkennen lassen. Ohne Zweifel ging diese Tendenz einher mit der zunehmenden Prominenz östlicher Erlösungsreligionen, die wiederum Ausdruck wachsender metaphysischer Bedürfnisse, des Wunsches nach Sinngebung und Glücksverheißung jenseits eines von äußeren Bedrängnissen und sozialen und wirtschaftlichen Problemen geprägten

Abb. 1: Silbermedaillon von Ticinum

Alltags waren. Die Kaiser ihrerseits waren in derlei Entwicklungen eingebunden beziehungsweise nahmen diese auf und setzten sie in kaiserliches Handeln um. Hier sind besonders Aurelian (270–275) und Probus (276–282) hervorzuheben, in deren Herrschaft sich fast eine Art solarer Monotheismus entwickelt hatte, denn die Verehrung des Sol Invictus (des unbesiegten und unbesiegbaren Sonnengottes) war unter diesen Kaisern in den Mittelpunkt kaiserlicher Gottesverehrung und herrscherlicher Selbstdarstellung gerückt.[13] Insbesondere der Münzprägung kam dabei außerordentliche Bedeutung zu, waren doch die Münzbilder das einzige damals verfügbare bildvermittelnde Massenmedium, mit dem große Bevölkerungsteile in allen Teilen des Imperium Romanum erreicht werden konnten. Wenn Aurelian nun auf Münzen zeigen läßt, wie er vom Sonnengott die Weltkugel als Symbol seiner Weltherrschaft erhält, und der Gott in den Münzlegenden als Bewahrer *(conservator)* und Gefährte *(comes)* des Kaisers und seiner Machtausübung gepriesen wird, so artikuliert sich darin eine neue, intime Nähe von Sonnengott und Kaiser, die letzterem neue charismatische Züge verleihen und den Adressaten der Münzbilder die numinose Präsenz des göttlich begabten Kaisers verständlich machen sollte.

Die intensivierte Einbeziehung des Göttlichen in die kaiserliche Herrschaftspraxis und -selbstdarstellung führte nicht zu der erstrebten Stabilisierung des Kaisertums, sondern die von zahlreichen Usurpationen, Kaiserwechseln und gesellschaftlichen Desintegrationsprozessen gekennzeichneten Entwicklungen des 3. Jahrhunderts mündeten schließlich in die tetrarchischen Reformanstrengungen der Jahre 284 bis 305, die maßgeblich von dem Kaiser Diokletian inspiriert und unternommen wurden. Diese Bemühungen wiederum gründeten in geradezu singulärer Weise auf einer durchdachten, trotz aller traditionellen Elemente letztlich neuartigen Religionspolitik und religiös fundierten Herrschaftskonzeption, für die der Sol Invictus freilich keine besondere Rolle spielte. Diokletian und seine Kollegen hatten nämlich eine durchaus als theokratisch zu bezeichnende Herrschaftsideologie der Vierkaiserherrschaft (Tetrarchie) ersonnen, die in der öffentlichkeitswirksam auf Münzen und Inschriften propagierten Etablierung einer kaiserlichen Familie von Iupiter- und Herkulesabkömmlingen gipfelte. Nach diesem ingeniösen Modell verstanden sich zwei der vier Kaiser als sogenannte «Iovii», die zwei anderen als «Herculii», die – mit den göttlichen Wirkungsmächten von Iupiter und Herkules begnadet – die irdische Herrschaft in kosmischer Harmonie ausübten und jedem potentiellen Usurpator die Möglichkeit der Legitimation a priori verweigerten. Auch – und darauf kommt es hier besonders an – nach diesem Konzept fungierte die Religion nach außen als die wichtigste Basis und als wirksamster Schutz der kaiserlichen Herrschaft, und den relevanten Bevölkerungsgruppen sollte auf diese Weise deutlich werden, daß allein die göttlich beauftragten Herrscher das Gemeinwohl zu sichern vermochten, daß irdische Kaiser und göttliche Beschützer eine unauflösliche Einheit bildeten. In etlichen Verlautbarungen der Tetrarchen, die uns in den spätantiken Gesetzeskodices erhalten sind,[14] artikuliert sich immer wieder der allumfassende, religiös gespeiste, reformerische Impetus der Kaiser, die den Bestand und das Wohlergehen des römischen Reiches uneingeschränkt an die Gunst der unsterblichen Götter binden. Besonders deutlich wird dies etwa in dem Vorwort des berühmten Höchstpreisediktes vom Jahr 301, in welchem die Tetrarchen in geradezu programmatischer Weise ihr Selbstverständnis reichsweit erläutern:

«Das öffentliche Wohl, die römische Würde und Erhabenheit verlangen, daß das Geschick unseres Staates, dem neben den unsterblichen Göttern in der Erinnerung an die Kriege, die wir erfolgreich geführt haben, zu danken ist für den Zustand der Welt, die ungestört und in den Schoß tiefster Ruhe gebettet ist, und für die Segnungen des Friedens, für den viel Schweiß vergossen worden ist, gewissenhaft geregelt

und in geziemender Form gefördert wird, so daß wir, die wir mit der gnädigen Gunst der Götter in der Vergangenheit die immer wieder aufwallenden Raubzüge barbarischer Völkerschaften durch eben deren Vernichtung unterdrückt haben, die für alle Ewigkeit gesicherte Ruhe durch die notwendigen Bollwerke der Gerechtigkeit schützen.»[15]

Geradezu logisches Resultat dieses nun primär und elementar religiös begründeten Konzeptes der Kaiserherrschaft war es, daß diejenigen, welche die für das Staatswohl, ja für die irdische Existenz überhaupt unentbehrlichen Gottheiten prinzipiell ablehnten und bekämpften, als Staatsfeinde verfolgt werden mußten, wie es seit 303 mit den Christen geschah. Denn seit dem 23. Februar 303 wurden auf Befehl der Tetrarchen christliche Kirchen zerstört, die heiligen Schriften verbrannt und die christlichen Kleriker einem allgemeinen (heidnischen) Opfergebot unterworfen.[16] Man kann davon ausgehen, daß der wohl zwischen 272 und 285 geborene Konstantin, dessen Vater Constantius (I.) Chlorus seit 293 als «Herculius» und Caesar der besagten Tetrarchie angehörte, diesen elementaren Grundzug des kaiserlichen Selbstverständnisses in besonders intensiver Weise erfahren und wohl auch rezipiert hat, zumal sein Vater (wenn auch, wie wir annehmen dürfen, in sehr viel zurückhaltenderer Manier als die übrigen Tetrarchen) ebenfalls zu den verantwortlichen Urhebern und Exekutoren der genannten Christenverfolgungen gehört hat.[17]

Constantius' Sohn Konstantin war folglich von Jugend an in besonderem Maße mit der Omnipräsenz des Göttlichen vertraut, und die frühesten, später noch näher zu erläuternden Hinweise auf seine Nähe zum potentiell monotheistischen Kult des Sonnengottes Sol lassen im Rückblick seine ‹Anfälligkeit› für das mit der Lichtsymbolik eng vertraute monotheistische Christentum plausibel erscheinen.[18] Dies bedeutet keinesfalls, wie wir ebenfalls noch sehen werden, daß Konstantin bereits vor oder gleich ab 306, dem Jahr seiner Kaisererhebung, Christ gewesen oder Anhänger einer exklusiven Sonnenreligion gewesen sein wird, aber es erscheint vor dem Hintergrund der religionspolitischen Entwicklungen vor allem auch des letzten Viertels des 3. Jahrhunderts nach Christus angemessen und zulässig, von einer ausgeprägten Sensibilität Konstantins für alles Religiöse auszugehen, insbesondere auch von seiner als Kaisersohn unschwer zu erhaltenden Einsicht in die überragende Rolle des Religiösen für den Erhalt und die Legitimierung der Kaiserherrschaft. Ob man gar von einer prädisponierten Neigung Konstantins zu einer henotheistischen, tief verwurzelten, sonnen- und lichtbezogenen Religiosität ausgehen darf, erscheint hingegen unklar, zumal jüngst noch einmal mit Recht darauf hingewiesen worden ist, daß der Sol Invictus für Konstantins kaiserlichen Vater Constantius I. Chlorus keine prominente Rolle gespielt hat, soweit sich dies nach den verfügbaren Münzen, Inschriften und sonstigen Denkmälern beurteilen läßt.[19]

Angesichts dieser knapp angedeuteten Omnipräsenz des Religiösen im Leben, Empfinden und Denken kaiserlicher Protagonisten und weiter Bevölkerungskreise im späten 3. und frühen 4. Jahrhundert würde der so sehr umstrittene, markante Akt einer ‹Konstantinischen Wende› im Jahre 312/13 zwar nichts von seinem wahrhaft revolutionären Charakter einbüßen, aber er würde weniger als plötzliches, nahezu unbegreifliches Bekehrungswunder, sondern vielmehr als erklärbarer und aus den zeitbedingten religiösen Haltungen verstehbarer Vorgang erscheinen. Auch für Konstantin gilt nämlich, nicht anders als für Caesar nach dem von Christian Meier gezeichneten Bild, daß er weniger als seine Gegenwart gewissermaßen weit hinter sich lassendes großes Individuum, sondern vielmehr als Exponent seiner Zeit zu begreifen ist und als solcher in den kritischen Blick des Historikers genommen werden muß. Daß dies im Falle Konstantins womöglich noch schwieriger ist als im Falle Caesars, liegt nicht zuletzt in der Eigenart der zur Verfügung stehenden Quellen begründet, die nahezu allesamt im Kontext einer prochristlichen oder antichristlichen Tendenz beziehungsweise – soweit die Selbstäußerungen Konstantins und die inschriftlichen, numismatischen und archäologischen Zeugnisse betroffen sind – im Rahmen offiziöser Verlautbarungen oder gar der gelenkten Selbstdarstellung des Herrschers stehen.

Der Stoff des Erzählens: Die Quellen

Für jede Beschäftigung mit Konstantin bis heute unentbehrlich ist ein mehr als 400 Seiten umfassendes Buch mit dem Titel «Das Selbstzeugnis Kaiser Konstantins», erschienen im Jahre 1954. Darin werden sämtliche in literarischen Texten, epigraphischen Dokumenten und juristischen Verlautbarungen enthaltenen Aussagen Konstantins zu Staat und Kirche sowie zu seinen eigenen politischen und religiösen Grundpositionen gesammelt und ausgewertet, mit dem erklärten Ziel, «das Besondere der konstantinischen Denkweise, das sie von anderen unterscheidet», aufzuzeigen, «das einheitliche Ganze, nicht dessen Entwicklung».[20] Es ist gewiß kein Zufall, daß diese eindrucksvolle Dokumentation mit Ausnahme ganz weniger Inschriften keinerlei Dokumente enthält, die früher als 312/13 zu datieren sind, und daß sie überdies den prozessualen Aspekt der Auffassungen Konstantins bewußt ausblendet und statt dessen von einem statischen, in sich geschlossenen Denksystem des ersten christlichen Kaisers ausgeht. Es fehlen nämlich verläßliche Informationen zu seiner Herkunft, zu seinem familiären und persönlichen Umfeld in Kindheit und Jugend, zu seinen frühen militärischen und damit auch politischen Karriereschritten sowie ebenfalls weitgehend zu seinen religionspolitischen Grundpositionen aus der Zeit vor 306, und selbst die Jahre 306 bis 312 lassen sich diesbezüglich nur schwach ausleuchten. Dieser Befund steht in auffälligem Kontrast zu der Fülle erhaltener bzw. wenigstens bekannter antiker Konstantinbiographien und größerer historiographischer Werke des 4. Jahrhunderts und der anschließenden Jahrhunderte. Es war folglich gewiß die bewußte Absicht sowohl Konstantins selbst als auch seiner zahlreichen Biographen sowie der christlichen Geschichtsschreiber, eine im Rückblick geglättete Lebens- und Wirkungsgeschichte des ersten christlichen Kaisers zu produzieren, wozu die gezielte Aussparung ganzer Lebensabschnitte genauso gehörte wie die konsequente ‹Christianisierung› seines Lebensweges und seines kaiserlichen Wirkens. Umgekehrt gilt dies in gleicher Weise für die heidnischen Werke und ihre Autoren, denen an einer bruchlosen Verzerrung und Perhorreszierung des Kaisers mehr gelegen war als an einer ausgewogenen Darstellung seiner Vita.

Die für jeden modernen Konstantinbiographen wichtigsten, ausführlichsten, zugleich aber auch problematischsten Texte[21] stammen von christlichen Autoren: Lactantius (ca. 250 bis 325), lateinischer Rhetor aus Nordafrika, wirkte zunächst am Hofe Diokletians im bithynischen Nikomedia und avancierte dann zum Erzieher des Konstantinsohnes Crispus.[22] Sein wohl um das Jahr 315/16 verfaßtes Werk «Über die Todesarten der Christenverfolger» *(De mortibus persecutorum)* bietet eine prochristliche, tendenziöse, gleichwohl unverzichtbare Darstellung der Tetrarchie und der Frühzeit des Kaisers Konstantin. Nicht minder bedeutsam sind die Werke des Eusebius von Caesarea (ca. 260 bis ca. 340),[23] insbesondere seine die Ereignisse bis 324 minutiös beschreibende Kirchengeschichte sowie die «Vita Constantini», seine zwischen 337 und seinem Tod verfaßte Kaiserbiographie.[24] Herausragendes Interesse verdienen dabei insbesondere die von Eusebius überlieferten Urkunden und Dokumente, die trotz aller bis heute andauernden Diskussionen um ihre Glaubwürdigkeit wohl als weitgehend authentisch anzusehen sind,[25] darunter in erster Linie die von Konstantin vielleicht im Jahre 328 in Nikomedia gehaltene «Rede an die Versammlung der Heiligen».[26]

Die späteren Kirchengeschichten – auf Eusebius' kirchenhistorischer Darstellung fußend und diesen mit gewissen Modifikationen fortsetzend (wie die von Gelasios, Socrates, Sozomenos)[27] – unterliegen weitgehend denselben gattungstypologischen Bedingungen und Wirkungsabsichten wie ihr erster Vorläufer. Eine gewisse Ausnahme stellt die um 430 redigierte Kirchengeschichte des Eunomianers (d.h. der radikalen Spielart der auf dem Konzil von Nicäa 325 definitiv abgewiesenen Arianer angehörenden) Philostorgios dar, der, wie jüngst gezeigt werden konnte, auch ein durchaus positives Konstantin-Bild vermittelt hat, sich jedoch weniger auf die Kirchengeschichte Eusebs als vielmehr auf seine «Vita Constantini» bezieht.[28] Daß er sich dabei erkennbar auch heidnischer Quellen bediente,[29] verdient besondere Hervorhebung, denn diese waren sich in ihrer Gesamtheit nahezu einig in ihrer Ablehnung des christlichen Kaisers. Eine bemerkenswerte Abweichung von diesem heidnischen Tenor bietet nur der in Athen beheimatete Heide Praxagoras, dessen noch im 4. Jahrhundert verfaßte, also möglicherweise mit zeitnahen Quellen arbeitende, aber leider nicht erhaltene Konstantinbiographie nach Auskunft späterer Zusammenfassungen eine überaus positive Charakteristik Konstantins entworfen hat. In diametralem Gegensatz dazu steht das durchgängig negative Konstantinbild in der um 500 verfaßten «Neuen Geschichte» des oströmischen Finanzbeamten Zosimus,[30] des wegen des vorzüglichen Erhaltungsstandes seines Werkes in der modernen Althistorie besonders prominenten paganen (heidnischen) Autors, der mit seiner Darstellung freilich den Verlust der konstantinischen Bücher des zweifellos bedeutendsten spätantiken Geschichtsschreibers Ammianus Marcellinus nicht zu kompensieren vermag.

Noch weniger vermögen dies die ebenfalls durchweg heidnischen Kurzfassungen römischer (Kaiser-)Geschichten aus dem 4. Jahrhundert nach Christus. Aus den Jahren um 360 und 370 stammen Kaiserbiographien *(Caesares)* von Aurelius

Victor und ein Geschichtsabriß *(Breviarium)* des hohen kaiserlichen Beamten Eutrop, der die prochristliche Wende Konstantins überhaupt keiner Würdigung wert erachtete.[31] Und auch die an das äußerste Ende des 4. Jahrhunderts zu datierende *Epitome de Caesaribus,* eine biographisch angelegte Kaisergeschichte der Herrscher von Augustus bis zu Theodosius I., übergeht alle christlichen und kirchlichen Angelegenheiten.[32] Natürlich ist auch dieses Schweigen auslegungsfähig und aussagekräftig für die Haltung der heidnischen Intellektuellen in einer zunehmend christlichen Umwelt im späteren 4. Jahrhundert, aber für den an erzählbarem Stoff interessierten modernen Erforscher der konstantinischen Zeit bieten sie wenig Nützliches.

Dies gilt leider auch für einen offenbar schon sehr bald nach Konstantins Tod (337) entstandenen Text, der Teil einer antiken heidnischen Biographie Konstantins sein könnte, die sogenannte *Origo Constantini.* Deren unbekannter Autor konzentriert sich weitgehend auf die Beschreibung der Konflikte zwischen Konstantin und seinem Gegenspieler Licinius und leistet vor allem das nicht, was sein (freilich wohl nicht originaler) Titel zu versprechen scheint, nämlich Aufschluß zu geben über Herkunft und Frühgeschichte des Kaisers Konstantin.[33]

Die Brücke von den literarischen Texten zu offiziellen, für die Interpretation der Selbstdarstellung und des Selbstverständnisses Konstantins unentbehrlichen Dokumenten wie Inschriften[34] und Münzen[35] schlägt eine literarische Sonderform: die Fest- und Lobreden, die während der gesamten römischen Kaiserzeit zu bestimmten feierlichen Anlässen gehalten wurden. Von diesen sogenannten *Panegyrici Latini* sind immerhin fünf aus konstantinischer Zeit (307–321) erhalten.[36] Hinzu kommen Urkundendossiers aus den kirchenpolitischen Kontroversen der konstantinischen Zeit[37] sowie zahlreiche verstreute Nachrichten bei weiteren Autoren des 4. Jahrhunderts und aus späterer Zeit sowie etliche archäologische Monumente wie Porträts, Statuen, der stadtrömische Konstantinsbogen, Kirchenbauten in Rom, Konstantinopel und an weiteren Orten.[38]

All den zuletzt genannten Quellen ist gemeinsam, daß sie nur mit äußerster Vorsicht und kritischer Zurückhaltung zu behandeln sind. Denn sie bieten entweder als offizielle Verlautbarungen und Mitteilungen (und dies schließt den Botschaftscharakter etwa der Kunst- und Bauwerke ein) stilisierte, wirkungsorientierte Aussagen Konstantins beziehungsweise Dritter über Konstantin, oder sie sind *post festum* entstanden, also im Wissen um die Geschichte und die Bedeutung des christlichen Kaisers Konstantin. Entsprechende Vorbehalte gelten auch für die leider nur in geringer Zahl erhaltenen Einleitungen und Begründungen in den konstantinischen Gesetzestexten, die uns in verkürzter Form in den spätantiken Codices Theodosianus (publiziert im Jahre 438) und Iustinianus (vom Jahre 534) zugänglich sind.

Das Erzählen – und dieses narrative Präsentieren von «Handeln und Erleben von Situation zu Situation»[39] soll schließlich Signum auch noch der schwierigsten, weil lückenhaftesten Biographie sein – ist also gerade im Falle des großen Konstantin gewissermaßen nur das Endprodukt langer quellenkritischer, analytischer Vorarbeiten, und der Erzähler darf nur zu einem geringen Teil für sich in Anspruch nehmen, sicheres Wissen und Erkennen zu vermitteln – der Konjunktiv, der Zweifel, die Hypothese und besonders auch das «ignoro» – das ehrliche Bekenntnis, *nicht* zu wissen – gehören zum unverzichtbaren Rüstzeug jedes modernen Konstantin-Biographen, und dies beginnt bereits mit dem so banalen wie unentbehrlichen Ausgangspunkt einer jeden Lebensbeschreibung: dem Geburtsdatum dessen, über den geschrieben und erzählt wird.

II. KAISERSOHN UND USURPATOR

Biographische Fragmente

Konstantin wird gewissermaßen im Jahre 306 geboren. Denn in diesem Jahr avanciert der bereits erwachsene Konstantin zum unwillkommenen Mitglied des amtierenden tetrarchischen Kaiserkollegiums, und in der historischen Rückschau kann, ja muß man tatsächlich davon sprechen, daß erst ab dem Jahre 306 Konstantin in das Licht der Geschichte tritt und dort sichtbare und interpretierbare Spuren hinterläßt.[1] Dieser ‹politischen Geburt› ist die natürliche Geburt Konstantins um drei bis vier Jahrzehnte vorausgegangen, immerhin an einem bekannten Ort, in Naissus (dem serbischen Nisch), aber in einem unbekannten Jahr, wohl zwischen 272 und 285.[2] Sein Vater war ein Offizier namens Constantius, der eine offenbar unspektakuläre Offizierslaufbahn unter den Kaisern Aurelian und Probus absolviert hatte und erst in der Tetrarchie als Caesar (seit 293) und späterer Augustus (seit 305) eine exponierte Rolle spielen sollte. Seine Mutter war die offenbar aus einfachsten Verhältnissen stammende Helena, die mit Constantius in einer wohl nicht rechtsgültigen, aber eheähnlichen Lebensgemeinschaft verbunden war; der berühmte Mailänder Bischof und Kirchenfürst Ambrosius nennt sie im späten 4. Jahrhundert eine *stabularia*, eine Stallwirtin.[3] Wie lange diese Verbindung und damit das familiäre Umfeld des jungen Konstantin Bestand gehabt hat, entzieht sich unserer Kenntnis. Spätestens im Jahre 289 jedenfalls ging Constantius eine legale Ehe mit Theodora, der Stieftochter des seit 286 als Augustus neben Diokletian amtierenden Maximian, ein. Dieser Verbindung entstammten sechs Kinder, je drei Töchter und Söhne, und diesen Halbgeschwistern Konstantins werden wir im Laufe unserer Erzählung noch vereinzelt begegnen. Dies gilt natürlich vor allem auch für seine leibliche Mutter Helena, die erst als alte Frau in der Spätphase der konstantinischen Kaiserherrschaft eine ihr gewiß ganz unverhofft zuteil gewordene öffentliche Prominenz genießen durfte und somit – gemäß einem jüngst formulierten Diktum – den langen Weg «vom Mist zur Macht» erfolgreich zurückgelegt hatte.[4]

Daß auch vor Konstantin eine vergleichbare Wegstrecke lag, war seinerzeit gewiß nicht unbedingt vorauszusehen, denn viel näher lag die für den Sohn eines Soldaten übliche militärische Laufbahn, die ihn nach den wenigen glaubhaften Anhaltspunkten, welche uns die Quellen bieten, tatsächlich auch zunächst im Aufgebot der amtierenden Kaiser Diokletian und Galerius vor allem in den Osten geführt hat. Nach dem für ihn als Kaisersohn enttäuschenden Übergang von der ersten zur zweiten Tetrarchie im Mai 305, in welcher sein Vater Constantius I. zum Augustus avancierte, er selbst aber übergangen wurde (was freilich absolut der inneren Logik des gleich noch näher zu schildernden tetrarchischen Herrschaftssystems entsprach), begab sich Konstantin zu seinem vorwiegend im gallisch-britannischen Raum operierenden Vater, um mit diesem zusammen gegen die im britannischen Norden beheimateten, aufrührerischen Picten zu ziehen. Der laut dem ihm später attestierten Beinamen «Chlorus» («Der Blasse») offenbar nicht gerade mit robuster Gesundheit gesegnete neue Augustus Constantius I. starb allerdings schon am 25. Juli 306 in Eburacum, dem heutigen York, und ebendiesen Tag kennzeichnet der christliche Schriftsteller Laktanz in seinem Werk *Institutiones divinae* («Göttliche Einrichtungen» I 1,13 f.) als den «allerglücklichsten Tag für den gesamten Erdkreis» *(dies ille fe-*

licissimus orbi terrarum). Dies ist nicht etwa Ausdruck schwarzen Humors bei Laktanz, sondern Resultat seiner Kenntnis all derjenigen Ereignisse, die sich in der Zeit nach dem 25. Juli 306 zutragen sollten. Denn nicht der Tod des Constantius I. Chlorus veranlaßte den frommen Christen zu der superlativisch formulierten Hochschätzung dieses Tages, sondern die noch am selben Tag erfolgte Ausrufung des Kaisersohnes Konstantin zum neuen Augustus.

Dies ille felicissimus orbi terrarum

Diese Jubelformel des Laktanz, die sich nur auf Konstantins Kaisererhebung am 25. Juli 306 beziehen kann, gibt der von dem christlichen Anhänger Konstantins selbst getroffenen Einschätzung Ausdruck, nach welcher der *deus summus,* also der Christengott höchstpersönlich, Konstantin in den Stand eines Herrschers versetzt habe. Diese eindeutig christlich-tendenziöse Interpretation verschleiert die unabweisbare Tatsache, daß es sich bei den Vorgängen des 25. Juli 306 zunächst um nichts anderes als um eine Usurpation handelte.[5] Denn gemäß dem spätestens im Jahr 305 für jedermann erkennbaren Rotationsprinzip der Tetrarchie war zwingend vorgesehen, daß die zwei Augusti nach einer Regierungszeit von zwanzig Jahren freiwillig abdanken, die bis dahin zehn Jahre lang mitregierenden Caesares zu neuen Augusti avancieren und ihrerseits zwei neue Caesares kooptieren sollten, um dann nach weiteren zehn Jahren ebenfalls abzudanken. Dieses neue, ingeniöse Herrschaftssystem war theokratisch fundiert, denn mit der Eingliederung in die Tetrarchie war stets die Annahme des «Iovius»- bzw. «Herculius»-Beinamens verbunden, d. h. je ein Augustus und ein Caesar verstanden sich als direkte Abkömmlinge des Iupiter, die anderen beiden Kollegen galten als unmittelbare Nachkommen des Herkules. Gemäß dem Christen Laktanz sollte diese Herrschaftsordnung nach dem Willen Diokletians und seiner Kollegen bis in alle Ewigkeit Bestand haben,[6] um gerade derartige Vorgänge, wie sie nun in Eburacum wieder einmal stattfanden, definitiv zu unterbinden. Denn der Ausschluß leiblicher Familienmitglieder von dem Herrschaftskollegium sollte die zeitlich unbegrenzte Fortdauer des Kooptationsverfahrens gewährleisten, bei dem im Idealfall nur die besten und leistungsfähigsten Kandidaten zum Zuge kommen sollten, und zugleich jedem potentiellen Usurpator a priori jegliche Legitimation vorenthalten, da ihm die göttliche Abstammung und Beauftragung als Iupiter- bzw. Herkulesabkömmling fehlen würde.[7]

Im Jahre 305 hatte dieses wahrhaft innovative System seine erste und wichtigste Bewährungsprobe tatsächlich erfolgreich bestanden. Die Augusti Diokletian und Maximian begaben sich in den verdienten Ruhestand, die seit 293 amtierenden Caesares Constantius (I.) Chlorus und Galerius erlangten die Vorrangstellung als Augusti, und zu neuen Caesares wurden zwei weitere erprobte, ebenfalls aus dem Balkanraum stammende Militärs, Severus und Maximinus Daia, ernannt; die leiblichen Kaisersöhne Maxentius (Sohn von Maximian) und Konstantin gingen – durchaus systemkonform – leer aus.

Es war insofern nur verständlich und folgerichtig, daß Konstantin gewiß niemals ein Anhänger der neuen tetrarchischen Ordnung geworden ist, und ebenso konsequent war dann seine Kaiserproklamation in Eburacum. Ob sein Vater dabei noch vom Totenbett aus zugunsten seines Sohnes (und im Widerspruch zu dem von ihm selbst mitgetragenen tetrarchischen Prinzip) in die Sukzessionsfrage eingegriffen hat, ist unklar, aber für die staatsrechtliche Bewertung des Geschehens unerheblich, war doch auch der Augustus Constantius I. an die ungeschriebenen Regeln der Tetrarchie gebunden. Dies dürfte sämtlichen an dem Vorgang Beteiligten auch deutlich vor Augen gestanden haben, wie nicht zuletzt aus Konstantins eigenem Verhalten hervorgeht. Denn unmittelbar nach seiner Ausrufung als Augustus suchte Konstantin bei Galerius als dem neuen Augustus und nun dominierenden Herrscher innerhalb der Tetrarchie um Akzeptanz nach[8] – Konstantins unmittelbare politische Zukunft lag also zunächst nur innerhalb der Tetrarchie, und es stellte sich das große Problem, wie dieser leibliche Sohn eines früheren Tetrarchen und jetziger Usurpator in die ihm eigentlich verschlossene Ordnung integriert werden konnte, ohne letztere zugleich in ihrem innersten Kern dauerhaft zu beschädigen oder gar zu zerstören.

Konstantin und die Tetrarchie

Galerius, der letzte verbliebene Herrscher aus dem Kreis der ersten Tetrarchie und eigentlicher Sachwalter des einst maßgeblich von Diokletian ins Werk gesetzten tetrarchischen Regierungssystems, begegnete der Herausforderung durch die Kaisererhebung Konstantins mit einer pragmatischen Position, deren Hauptziel erkennbar in der Bewahrung der tetrarchischen Ordnung bestand. Denn diese hatte immerhin zwanzig Jahre lang Bestand gehabt, eine bemerkenswerte und vor dem Hintergrund nahezu permanenter Usurpationen im dritten Jahrhundert gar nicht hoch genug einzuschätzende Leistung! Galerius verzichtete daher auf die eigentlich am nächsten liegende Lösung, nämlich auf den Versuch, den ungebetenen Eindringling militärisch aus dem Weg zu räumen, und bot ihm eine Kompromißlösung an. Konstantin hatte dementsprechend auf die Augustuswürde zu verzichten und mußte sich mit dem Caesariat begnügen, während der erst jüngst zum Caesar ernannte Severus sogleich zum Augustus befördert wurde. Damit war die dritte Tetrarchie etabliert und das System zumindest notdürftig repariert worden, und gemäß der informellen Aufteilung des römischen Reiches in tetrarchische Operationsbezirke oblag es dem neuen Caesar Konstantin künftig, im westlichsten Reichsteil die gemeinsame Herrschaft auszuüben, also in Britannien, Gallien, Spanien und dem nordwestlichen Africa. Konstantin fand nach Ausweis der nun erstmals für ihn überlieferten inschriftlichen und numismatischen Zeugnisse seinen Platz als «nobilissimus Caesar» *in*, nicht *neben* der Tetrarchie, und er dokumentierte seine Loyalität gegenüber den anderen, im Vergleich zu ihm ranghöheren Kollegen unmißverständlich durch die in seinem westlichen Reichsteil geprägten Münzen.[9] Dieser Sachverhalt verdient besondere Hervorhebung, denn er hat in den späteren (Selbst-)Darstellungen Konstantins und seiner Biographen keinen Nachhall gefunden. Und selbstverständlich besitzt dieser Befund auch eine für die ‹konstantinische Frage› nach der Beschaffenheit der ‹Wende› im Jahr 312 hochbedeutsame religionspolitische Komponente, denn, so ist natürlich sogleich zu fragen, wie hielt es der neue Kaiser mit dem dezidiert heidnischen Fundament der Tetrarchie? Wir kommen darauf gleich im nächsten Abschnitt näher zu sprechen, doch sei bereits jetzt darauf hingewiesen, daß Konstantin sich zwar vorsichtig, aber doch erkennbar von der ihm eigentlich zugedachten «Herculius»- Rolle fernhielt. Ob dies aufgrund innerer religiöser Neigungen, religionspolitischer Erwägungen oder machtpolitischen Kalküls geschah, läßt sich nicht sicher entscheiden, aber die auffällige Beobachtung sei hier wenigstens schon notiert. Der gewiß bewußten Reserve, ja Indifferenz Konstantins gegenüber dem zentralen theokratischen Element der Tetrarchie kam nun sicherlich die Tatsache entgegen, daß die Tetrarchie seit Konstantins Eintritt in das Herrscherkollegium zusehends in eine Dauerkrise geriet, und dies mag es Konstantin erleichtert haben, seine distanzierte Haltung zu bewahren.

Konstantins Vorbild hatte nämlich inzwischen Schule gemacht. Maxentius, Sohn des ehemaligen Augustus Maximianus «Herculius» und überdies durch seine eigene Ehe mit Valeria Maximilla Schwiegersohn des amtierenden Augustus

Galerius, usurpierte mit Unterstützung der Prätorianergarde und der städtischen Kohorten am 28. Oktober 306 in Rom den Kaiserpurpur. Freilich war dieser Akt von anderer Qualität als die wenige Monate zuvor erfolgte Herrscherproklamation Konstantins, denn hier in Rom ging es nicht um die Behebung einer plötzlich eingetretenen Vakanz im Herrscherkollegium, sondern im Kernland des neuen Augustus Severus und darüber hinaus ausgerechnet in Rom, dem ideellen Zentrum des Imperium Romanum, schickte sich ein Privatmann an, die prekäre, gerade mühsam restaurierte tetrarchische Balance aus den Angeln zu heben! Galerius blieb dieses Mal denn auch gar keine andere Wahl als die energische militärische Gegenaktion, deren Ausführung dem für den gesamten Westen zuständigen Augustus Severus zufiel. Dessen Scheitern markiert nun einen entscheidenden Schritt im Auflösungsprozeß der Tetrarchie und bahnte Konstantin den gewiß längst erwünschten Weg zu eigenständigem Agieren.

Severus' Einmarsch in Italien im Jahr 307 erwies sich nämlich als ein einziger Fehlschlag, zumal nun auch der ‹emeritierte› Augustus und Vater des Maxentius, Maximian, erneut auf den Plan trat. Truppenteile des Severus, die bereits unter besagtem Maximian ihren Dienst getan hatten, rebellierten nämlich, und Severus zog sich nach Ravenna zurück, wo er in höchster Not abdanken mußte; anschließend wurde er in der Nähe von Rom in Haft genommen und starb noch im Jahre 307. Der alte Maximian wiederum fand offensichtlich Geschmack an seinem Comeback und suchte wieder Anschluß an die Tetrarchie, deren neues, wenn auch halbherziges Mitglied Konstantin sich denn auch zu einem Bündnis bereit fand. Diese geradezu verwegene Konstellation wurde ebenfalls noch im Jahre 307 durch die Heirat Konstantins mit der Maximian-Tochter Fausta besiegelt. Konstantin hatte bis dahin bereits mit einer sonst unbekannten Frau namens Minervina zusammengelebt, ob im Konkubinat oder in einer rechtsgültigen Ehe, die dann hätte aufgelöst werden müssen, ist unklar. Die Heirat mit Fausta fand wahrscheinlich im Dezember 307, entweder in Arles oder (wahrscheinlicher) in Trier statt.[10] Anläßlich dieser keineswegs privaten, sondern hochpolitischen Vorgänge hielt ein unbekannter Festredner eine lateinische Ansprache *(Panegyricus)*, die wir als offizielle Interpretation der neuen Koalition verstehen dürfen.[11]

Der Festredner erledigte seine schwierige Aufgabe mit bemerkenswerter Bravour und Beweglichkeit. Das heikle Problem der systemwidrigen Rückkehr Maximians auf die tetrarchische Bühne löste er, indem er den *aeternitas*-(Ewigkeits-)Gedanken, einen klassischen Topos der römischen Kaiserideologie, im herkömmlichen Sinne reaktivierte. Maximian sei ja Inhaber der ewigen Augustuswürde, daher könne er nicht nur stets als ein Augustus agieren, sondern er sei auch in der Lage, selbst Augusti zu kreieren. Damit suchte der Rhetor nun auch zugleich die von Maximian vorgenommene Verleihung des Augustus-Titels an seinen Schwiegersohn Konstantin zu legitimieren. Loyaler zum tetrarchischen Comment verhielt sich der Redner in religionspolitischer Hinsicht: Herkules selbst sei dem neuen und dem alten Kaiserpaar gewogen, die als «imperatores semper Herculii», also stets als Herkules-Abkömmlinge, ihre Herrschaft ausübten.[12] Konstantin, der gewiß kein ausgeprägter Anhänger der tetrarchischen Iovius-Herculius-Ideologie und Herkules-Verehrung gewesen ist, dürfte sich diese Interpretation kommentarlos gefallen lassen haben, denn sie entsprach durchaus seinen tagespolitischen Interessen, und wir erkennen bereits hier erstmals einen Grundzug des neuen Herrschers, den wir in den nächsten Jahrzehnten seiner Herrschaft immer wieder antreffen werden: die Fähigkeit zum kühlen, machtpolitischen Kalkül auch in rebus religiosissimis! Ungeachtet seiner für uns (noch) nicht durch Selbtzeugnisse erhellten inneren Haltung, die jedenfalls nicht durch Hingabe an die tetrarchischen Hauptgottheiten gekennzeichnet war, fügte er sich nämlich in eine Situation, die ihm vorteilhaft und vielversprechend zu sein schien. Vielleicht fiel ihm dies auch um so leichter, als der Redner in einem größeren, Konstantins Vater Constantius (I.) Chlorus gewidmeten Abschnitt nun eine ganz andere Akzentuierung vornimmt. Der vergöttlichte Augustus Constantius sei, so der Redner, von dem Sonnengott Sol höchstpersönlich in seinem Wagen in den Himmel befördert worden.[13] Damit geriet natürlich auch der «divi filius» Konstantin ganz in allernächste Nähe zum Sonnengott, und diese Verbindung sollte in den kommenden Jahren auch immer stärker zum Ausdruck kommen.

Maxentius bleibt in diesen Monaten eigentümlicherweise von all diesen Entwicklungen unberührt. Freilich bedurfte er auch gar nicht der Unterstützung durch seinen Vater, hatte doch sogar Galerius inzwischen einen Italienzug, der ihn bis vor die Mauern Roms geführt hatte, erfolglos abbrechen und wahrscheinlich froh sein müssen, dem Schicksal des Severus entgangen zu sein.

Angesichts der dramatischen Krise, in welche das tetrarchische Kaisertum nun erkennbar geraten war, fand sich Diokletian, wahrscheinlich auf Initiative des Galerius, nun noch einmal zu einem persönlichen Eingreifen bereit und verließ seinen Ruhesitz in Spalato (im heutigen kroatischen Split), um eine von ihm einberufene Konferenz im November 308 in Carnuntum (östlich Wiens) zu leiten. Diese letzte genuin tetrarchische Veranstaltung führte nur kurzfristig und vordergründig zu einer Restauration der diokletianischen Ordnung in Form der vierten (und letzten) Tetrarchie. Konstantin, jüngst von Maximian als Augustus anerkannt, wurde erneut zum Caesar degradiert, als neuer Augustus wurde ein weiterer Offizier, Licinius, auf die durch den Tod des Severus frei gewordene Position des Augustus gesetzt (ohne vorheriges Caesariat!), und der alte Maximian mußte erneut demissionieren. Dieser faule Kompromiß, der weder die Beseitigung des Maxentius ermöglichte noch den Ansprüchen Konstantins gerecht zu werden vermochte, verhalf der Tetrarchie nicht zu der von Diokletian und Galerius erhofften Stabilisierung. Denn bereits zwei Jahre später, in dem für Konstantins weiteres Schicksal entscheidenden Jahr 310, wurde die Tetrarchie faktisch beerdigt. Nun avancierten nämlich auch die Caesares Konstantin und Maximinus Daia zu Augusti, Maximian beging – nach einem erneuten, vergeblichen Versuch des Comebacks – auf Druck seines Schwiegersohns Konstantin Selbstmord, und als im darauffolgenden Frühjahr (im Mai 311) auch noch der Augustus Galerius starb, fanden keinerlei ernstzunehmende Versuche mehr statt, das tetrarchische System zu erhalten. Folgerichtig gab Konstantin nun auch seine bis dahin geübte, vorsichtige Zurückhaltung mit Blick auf die sakrale Legitimation der Tetrarchie auf. Als «Herculius» konnte er künftig gewiß nicht glaubwürdig den Anspruch auf eine besondere Herrscherposition formulieren, ja nicht einmal im Rückgriff auf seinen engstens mit der tetrarchischen Ideologie verbundenen Vater Constantius (I.) Chlorus. Daher propagiert Konstantin nun, seit dem Jahr 310, einen neuen «auctor imperii», von dem er seine Herrschaft und seine Herrscherwürde ableitet. Dies ist Claudius (II.) Gothicus, dessen nur zwei Jahre dauernde Regierungszeit (268- 270) hinreichend kurz, folgenlos und erinnerungsschwach war, um für fiktive ‹Anreicherungen› geeignet zu sein. Claudius (II.) Gothicus wird nun in der Öffentlichkeit als Vorfahre Konstantins aufgebaut, zuerst mit bemerkenswertem Einfallsreichtum durch einen Lobredner des Jahres 310.[14] Diese Rede markiert nicht nur die dynastische Neuorientierung Konstantins und damit gewissermaßen auch das offizielle Ende seiner ohnehin nur halbherzigen Mitgliedschaft in der Tetrarchie, sondern liefert zugleich den Stoff für eines der meistdiskutierten Probleme der frühen religiösen und religionspolitischen Haltung Konstantins, den Bericht von der sogenannten ‹heidnischen Vision› des Kaisers.

Konstantin und die Religion bis 312

Bevor wir den besagten Abschnitt aus diesem Panegyricus näher ins Auge fassen, muß der Blick noch einmal kurz zurückgelenkt werden auf die Jahre seit 306. Gibt es, über die bereits erwähnte, von Konstantin bestenfalls geduldete Zuordnung als «Herculius» zum Tetrarchen Maximian und die vorsichtige Assoziation mit dem Sonnengott Sol in dem Panegyricus des Jahres 307 hinaus, irgendwelche weiteren substantiellen Hinweise auf Konstantins innere Haltung oder religionspolitische Tendenz in den Jahren 306 bis 312? Da weder die von Konstantin zu verantwortenden Inschriften noch die Münzen dieses Zeitraumes irgendwelche klaren Akzentsetzungen oder Präferenzen erkennen lassen,[15] kommt als einzige einschlägige literarische Äußerung die Bewertung von Laktanz anläßlich der Kaisererhebung Konstantins am 25. Juli 306 in Eburacum in Betracht:[16] «*Nach der Übernahme der Herrschaft hat Konstantin als Augustus nichts früher getan als die Christen ihrem Kult und ihrem Gott zurückzugeben.*»

Einige Gelehrte sehen in dieser Bemerkung den Beweis für eine frühe Hinwendung Konstantins zum Christentum, bisweilen sogar für die Existenz eines formellen Toleranz- und Restitutionsediktes Konstantins, welches der christlichen Kirche die Rückerstattung ihres in den tetrarchischen Verfolgungszeiten abgenommenen Besitzes eingebracht habe.[17] Diese allein auf den späten Bericht des Christen Laktanz gestützte Interpretation läßt sich nicht aufrechterhalten,[18] zumal es keinerlei entsprechende Nachrichten oder wenigstens Indizien in der weiteren Überlieferung gibt, nicht einmal in den Werken des prokonstantinischen Biographen Eusebius von Caesarea![19] Man wird die Äußerung des Laktanz folglich allenfalls dahingehend auslegen dürfen, daß Konstantin in seinem Macht- und Einflußbereich die von seinem Vater Constantius (I.) Chlorus ohnehin nicht entschieden betriebenen Christenverfolgungen stillschweigend suspendiert hat. Eine offensivere prochristliche Haltung Konstantins erscheint schließlich auch unplausibel angesichts des besagten hochoffiziellen Zeugnisses, der Festrede aus dem Jahre 310, für die Nähe Konstantins zum Sonnengott, dem wir uns nun zuwenden wollen.

In diesem Panegyricus, der nach einem wenig spektakulären, aber siegreich verlaufenen Feldzug Konstantins gegen die Franken und nach dem Tode Maximians im Sommer 310 in Trier gehalten wurde, beschreibt der Festredner den Besuch Konstantins in einem gallischen Apollo-Heiligtum.[20] Konstantin, so der Redner, sei «zu dem schönsten Tempel auf der gesamten Welt» gelangt und habe den darin wohnenden Gott gesehen: «*Du hast nämlich, Konstantin, wie ich glaube, deinen Schutzgott Apollo gesehen, der dir, begleitet von Victoria, Lorbeerkränze überreichte, von denen jeder einzelne das glückverheißende Zeichen von dreißig Jahren bringt.*»[21] Der Kaiser habe sich sogar in der göttlichen Gestalt wiedererkannt und damit die visionäre Bestätigung seines Herrscheramtes erlangt.

Es sei dahingestellt, ob diesem Visionserlebnis eine echte Lichtkreuzerscheinung, ein sogenannter Halo, den Konstantin am Himmel gesehen und auf den Sonnen- und Lichtgott Phoebus-Apollo übertragen hätte, zugrundeliegt,[22] oder ob es sich hier nur um eine der vielen im Umlauf befindlichen antiken Wunderberichte handelt. Entscheidend ist und bleibt, daß der in seinen Ausführungen zweifellos durch Konstantin selbst autorisierte, wenn nicht gar inspirierte Festredner den Kaiser in unmittelbare und exklusive Nähe zu dem Sonnengott rückt. Denn Apollo wurde in der Spätantike mit dem Sonnengott Sol bzw. Helios identifiziert, und dieser Apollo liefert in der vorliegenden Festrede von 310 gewissermaßen die sakrale Herrschaftslegitimation für Konstantin. Bemerkenswerterweise begegnet auf Inschriften seit 310 denn auch das dem Sonnengott Sol Invictus nachempfundene Epitheton *invictus* in der kaiserlichen Titulatur, das heißt, Konstantin assoziiert sich und seine kaiserliche Person in hochoffizieller Manier mit dem Sonnengott. Wenig überraschend ist vor diesem Hintergrund auch die Beobachtung, daß «nun Sol Invictus als comes Constantins Einzug auf den Rückseiten der Münzen hielt».[23] Es muß folglich unbestritten bleiben, daß Konstantin im Jahre 310 zumindest nach außen noch keinerlei persönliche Nähe zum Christentum hat erkennen lassen, und dem entspricht wohl auch eine bislang kaum gewürdigte spätere Äußerung des Kaisers selbst, die er in seine (wohl im Jahr 328 gehaltene) «Rede an die Versammlung der Heiligen» einfließen läßt.[24] Während diejenigen selig zu nennen seien, die bereits von Jugend auf Erkenntnis des Göttlichen hätten besitzen und Freude über die Tugend hätten empfinden dürfen, sei er selbst, so Konstantin, erst in der Blüte seiner Jahre zu dieser Weisheit gelangt, und zwar nicht infolge irgendeiner menschlichen Erziehung, sondern als Gabe Gottes. Dieses Diktum der erst spät erlangten (christlichen) Gotteserkenntnis entspricht dem Bild, welches der Panegyricus des Jahres 310 bietet, und es harmoniert auch aufs beste mit der Tatsache, daß selbst der Christ Laktanz Konstantin keinerlei Teilhabe an dem berühmten, mit dem Namen des Galerius verbundenen Duldungsedikt des Jahres 311 attestiert und folglich diese Gelegenheit einer christenfreundlichen ‹Ausschmückung› der Frühzeit des Kaisers Konstantin ungenutzt verstreichen läßt.[25] Da auch die christliche Parallelüberlieferung in der eusebianischen Kirchengeschichte[26] explizit den Kaiser Galerius allein als den Urheber[27] des formal im Namen aller amtierenden Kaiser promulgierten Duldungsediktes benennt, mit welchem die Christen zu einer zugelassenen Kultgemeinschaft avancieren, kann, nein muß man die Vermutung einer konstantinischen Mitwirkung an oder gar Initiative zu diesem Duldungsedikt entschieden zurückweisen.

Unmißverständlich geht dies auch aus dem Duktus des Erlasses selbst hervor, der zunächst nicht mehr bedeutet als die offizielle Einstellung der im Jahre 303 begonnenen staatlichen Christenverfolgungen, denn die Christen werden auch noch in diesem galerischen Edikt für ihren Starrsinn scharf kritisiert, so daß ihnen nur konzediert wird, «*daß sie wieder Christen sein und ihre Versammlungsstätten aufbauen können, freilich so, daß sie nichts gegen die öffentliche Ordnung tun*».[28]

Daher bleibt festzuhalten:[29] Konstantin scheint sich noch im Jahre 311 religionspolitisch und, wenn wir seine zitierte persönliche Aussage aus der «Rede an die Versammlung der Heiligen» ernstnehmen dürfen, auch in seiner inneren Haltung bestenfalls auf dem Wege zum Christentum befunden zu haben, und im Rückblick mag mancher seine jetzt noch deutlich dominierende Neigung zu einer Art solarem Monotheismus tatsächlich als Station auf diesem Weg zur christlichen Wende werten wollen. Gleichwohl war der Weg zu dem, was wir dann ab 312/13 erkennen und auch von Konstantin selbst lesen und seinen eigenen Handlungen entnehmen können, noch weit.

III. HERBSTZEIT: DIE ‹KONSTANTINISCHE WENDE›

Der Sieg am 28. Oktober 312

Der allfälligen, von keinem der mit Konstantin und seiner Zeit befaßten Historiker zu vermeidenden Diskussion und Stellungnahme zu der Frage, ob es die konstantinische Wende tatsächlich gegeben habe, muß notwendigerweise die profane Einsicht vorausgehen, daß der Durchbruch des Christentums unter und seit Konstantin allein durch den militärischen Sieg über den Rivalen Maxentius vor Rom am 28. Oktober 312 möglich geworden ist.[1] Erst der strahlende Sieger Konstantin motiviert seinen Triumph mit der sieggewährenden Unterstützung ‹seines› Gottes – den Verlierer Konstantin hätte niemand hören und dessen bevorzugte Gottheit niemand verehren wollen. Wenn es also die konstantinische Wende im eigentlichen Wortsinne gegeben hat – und es hat sie gegeben –, so war es allein und notwendigerweise die Wende des Siegers. Dessen muß man sich stets bewußt bleiben, und daher muß auch zunächst der Sieg erklärt und beschrieben werden. Erst dann kommt die Religion, mag dies auch von christlicher und kaiserlicher Seite durch die Vorverlegung der ‹christlichen Vision› Konstantins vor den eigentlichen Sieg im Rückblick anders dargestellt worden sein.

Der im Mai 311 verstorbene tetrarchische Augustus Galerius erhielt keinen Nachfolger, die Tetrarchie als Herrschaftssystem war damit faktisch am Ende. Im Osten fanden die Augusti Licinius und Maximinus Daia nach zwischenzeitlichen gegenseitigen Bedrohungen, die bereits in einer Schlacht zu eskalieren drohten, zu einem notdürftigen Arrangement, welches Licinius den Donau- und Balkanraum, Maximinus Daia die kleinasiatisch-östlichen Gebiete beließ; im Westen schickte sich Konstantin an, Maxentius aus Rom zu vertreiben und damit seine Herrschaft im Westen endgültig zu etablieren. Konstantin war in dieser sich anbahnenden und von ihm forcierten militärischen Auseinandersetzung eindeutig der Aggressor, die treibende Kraft; und um dieses riskante Unternehmen auch politisch abzusichern, ging er mit Licinius ein Zweckbündnis ein, indem er diesem eine eheliche Verbindung mit seiner (Halb-)Schwester Constantia in Aussicht stellte, die dann auch zu Beginn des Jahres 313 realisiert wurde.

Die militärischen Auspizien für Konstantin waren im Frühjahr des Jahres 312 alles andere als vielversprechend. Maxentius hatte bereits zwei Belagerungsversuche durch Severus und Galerius unbeschadet überstanden und konsequenterweise den größten Teil seiner Soldaten in und bei Rom stationiert. Zusätzliche Sicherheit sollten Truppenmassierungen in oberitalischen Städten bieten, vor allem in Aquileia, Verona, Sura und Turin. Konstantin scheint demgegenüber nicht etwa primär auf die Hilfe des Christengottes, sondern vor allem auf zwei militärstrategische Momente gesetzt zu haben: auf die Schnelligkeit seiner Truppenbewegungen und deren Überraschungseffekt.[2] Seine raschen Erfolge gaben ihm zunächst Recht. Denn überfallartig errungene Siege in Sura und Turin sowie die strategisch entscheidende Einnahme von Verona, in deren Zuge der Prätorianerpräfekt und oberitalische Generalissimus des Maxentius, Ruricius Pompeianus, sein Leben verlor, führten zur freiwilligen Unterwerfung weiterer Städte (Mailand, Aquileia, Modena), so daß Konstantin im Herbst 312 der Weg nach Rom offenstand, der ihn über die Via Flaminia führte. Mit seinen Truppen schlug er vor dem entscheidenden Tag, dem 28. Oktober 312 – übrigens exakt an dem Tag, an welchem sich der Herrschaftsantritt des Maxentius zum sechsten Mal jährte – sein Lager ca. 20 km vor dem nördlichen Stadttor Roms, der Porta Flaminia, auf; ein kleiner konstantinischer, heute nur noch in Resten erhaltener Bogen («Casal Malborghetto») machte diese Lokalität später zu einem markanten konstantinischen Erinnerungsort.

Eine erste militärische Auseinandersetzung mit vorgeschobenen Einheiten des Maxentius scheint sechs Kilometer weiter südlich an den «Saxa rubra» (an den «roten Felsen») stattgefunden zu haben.[3] Konstantins Truppen vermochten die gegnerischen Soldaten offenbar erfolgreich und entscheidend zurückzudrängen, und somit wird die eingangs dieses Buches zitierte Erinnerungsinschrift des Papstes Pius X. vom Jahr 1912 verständlich, der hier im Rückblick den eigentlichen Triumph des Christentums beginnen läßt.

Militärisch war die Situation freilich zu diesem Zeitpunkt immer noch keineswegs zugunsten Konstantins entschieden, zumal Maxentius relativ optimistisch einer Belagerung im Schutz der hohen aurelianischen Mauern Roms hätte entgegensehen können. Warum es anders gekommen ist, warum Maxentius diese einigermaßen gesicherte Position aufgegeben und einen Ausfall vor die Mauern Roms unternommen hat, ist bereits von den antiken Autoren gefragt und erörtert worden. Die Erklärungsversuche reichen von der Möglichkeit drohender stadtrömischer Unruhen und prokonstantinischer Kundgebungen in Rom bis hin zum Verweis auf rätselhafte Empfehlungen heidnischer Orakelsammlungen. Eine definitive Antwort ist bis heute nicht möglich. Allerdings gibt es keine substantiellen Hinweise auf die Existenz einer schlagkräftigen stadtrömischen Opposition gegen Maxentius noch gar auf das Vorhandensein einer Anhängerschaft Konstantins in Rom zu dieser Zeit. Vielleicht hat Maxentius die Lage einfach falsch eingeschätzt, und diese

Fehleinschätzung kann natürlich durch priesterlichen Rat, Orakelsprüche oder dergleichen mitverursacht worden sein. Jedenfalls scheint der Verlauf der Ereignisse dazu geführt zu haben, daß Maxentius bei dem Versuch, mit seinen Prätorianertruppen Konstantin entgegenzuziehen, von seinen eigenen, vor dem Gegner zurückweichenden Einheiten behindert wurde und in dem entstehenden Gewühl in den Tiber stürzte und sein Leben verlor. Damit war die Schlacht an (eigentlich: vor) der Milvischen Brücke entschieden, und Konstantin konnte als triumphierender Sieger in Rom einziehen.

Der Einzug in Rom am 29. Oktober 312

Am 29. Oktober 312 zelebrierte Konstantin seinen *adventus*, seine Ankunft in Rom. Wenn die (gleich im nächsten Kapitel zu besprechenden) nachträglich entstandenen Visionsberichte zutreffen sollten, muß er den ‹qualitativen Sprung› zum Christen zu diesem Zeitpunkt bereits vollzogen haben,[4] und es stellt sich unweigerlich die Frage, ob für die Existenz eines derartigen Sprungs, der sich dann durchaus und mit Recht als konstantinische Wende bezeichnen ließe, der kritischen Überprüfung standhaltende Anhaltspunkte in der Überlieferung zu finden sind. Im Anschluß an eine Äußerung des Laktanz, daß wahres Christsein darin bestünde, die *imagines* – also die heidnischen Götterbilder – zu verachten und allein den wahren Gott zu verehren,[5] bietet es sich vor allem an, nach Indizien für eine derartige dezidierte Absage Konstantins an die herkömmlichen *dei immortales* – die alten unsterblichen Götter – zu suchen. Und am 29. Oktober 312 hätte sich geradezu eine ideale Gelegenheit für Konstantin geboten, ein entsprechendes Zeichen in Rom, dem immer zumindest noch ideellen

Zentrum des römischen Weltreiches, öffentlichkeitswirksam zu setzen. Dies würde vor allem dann der Fall sein, wenn Konstantin tatsächlich einen formellen Triumph gefeiert hätte, zu dem als unverzichtbarer Bestandteil und zeremonieller Höhepunkt gemäß jahrhundertealtem Herkommen ein Opfer des Triumphators auf dem Capitol für den Iupiter Optimus Maximus gehört haben müßte. Allerdings ist bereits einschränkend festzuhalten, daß Konstantin, strenggenommen, nur einen Bürgerkrieg siegreich überstanden hatte, und dafür konnte gemäß römischem Comment kein Triumph gewährt und begangen werden, und augenscheinlich hat Konstantin diesen Tatbestand auch erkannt und akzeptiert. Den bildlichen Beweis dafür liefert das Einzugsrelief auf dem Konstantinsbogen, auf welchem der Kaiser nicht in der Triumphalquadriga steht, sondern in einem prächtigen Wagen sitzt, der nicht bei einem förmlichen Triumphzug benutzt worden sein kann:

Abb. 2: Konstantinsbogen (Rom): Einzugsrelief

Nach allem, was wir wissen, hat Konstantin denn auch tatsächlich von einem Opfer auf dem Capitol abgesehen. Dies kann jedoch aus den besagten formalen Gründen geschehen sein und beweist folglich noch nicht die dezidierte, von einem Christen mit Laktanz zu fordernde ostentative Distanzierung von heidnischen Opferbräuchen. Vage Indizien für eine derartige Abwehrhaltung Konstantins liefert hingegen vielleicht der (pagane!) Panegyriker, der im Jahre 313 – wahrscheinlich in Trier – eine Festrede für Konstantin gehalten hat und dabei auf den kaiserlichen Einzug nach Rom am 29. Oktober 312 zurückblickt.[6] Zunächst betont der Redner noch einmal den Mut Konstantins, gegen die Empfehlungen der heidnischen Opferbeschauer – deren Befragung für einen bereits christlichen Konstantin immerhin höchst bemerkenswert wäre![7] – damals die Schlacht gegen Maxentius gewagt zu haben, und er richtet an den anwesenden Kaiser persönlich die Frage, «welcher Gott» ihn denn dazu ermutigt habe. Und kurz darauf hält er fest: «*Du hast tatsächlich, Konstantin, irgendein Geheimnis mit jenem göttlichen Geist, welcher die Sorge für uns den kleineren Göttern überlassen hat und einzig sich dir zu zeigen geruht.*»[8] Diese Formulierungen erlauben zwar keine definitive Auslegung, eröffnen aber doch Interpretationsspielräume. Die zweifellos gezielte Nichtbenennung der persönlichen Schutzgottheit Konstantins durch den Festredner könnte natürlich damit erklärt werden, daß hier der Christengott gemeint ist. Warum aber wird er dann nicht explizit genannt? Aus Rücksicht auf das gewiß mehrheitlich noch heidnische Auditorium? Dem wird aber immerhin zugemutet, zusammen mit dem Sprecher selbst, zum Gegenstand der Sorge nur von «kleineren Göttern» ernannt zu werden, deren Existenz andererseits nicht in Abrede gestellt wird – und auch das ist natürlich religionspolitisch von hoher Bedeutung! Die Unklarheit ist also eine gewollte – aber besteht sie der Sache nach, oder ist sie nur eine pragmatische, rhetorische Konzession an die äußeren, noch prekären Umstände, die dem gerade erst wieder zur *religio licita* avancierten, also zu den zugelassenen Kulten gerechneten Christentum in einer heidnischen Umwelt (noch) nicht günstig waren?

Möglicherweise bietet ein späterer Abschnitt der Festrede tatsächlich einen klareren Hinweis auf eine gezielte Unterlassung des capitolinischen Opferganges seitens des Kaisers Konstantin. Denn exakt an der Stelle, an welcher in vergleichbaren früheren «adventus»-Berichten das Iupiter-Opfer beschrieben wurde, heißt es nun in unserem Panegyricus des Jahres 313: «*Es wagten ... einige zu fordern, du solltest anhalten, und sich darüber zu beklagen, dass du dich so eilig zum Palast begeben hast, und dir nicht nur, als du eingetreten warst, mit den Augen zu folgen, sondern auch beinahe einzubrechen in den heiligen Palastbezirk.*»[9] Hierin könnte man vielleicht den deutlichen rhetorischen Reflex einer gezielten Unterlassung Konstantins sehen. Demnach hätte der Redner hier, wie von Konstantin gewünscht, auf eine seinerzeit von dem Kaiser eingeschlagene, demonstrative Abkürzung seines Weges über das stadtrömische Forum in Richtung Palatin, also ohne den allseits erwarteten Aufstieg zum Capitolstempel, reagiert. Darüber hinaus könnte es ein gezielt ausgegebenes Signal Konstantins gewesen sein, die im Jahr 313 eigentlich anstehenden großen Saecularfeiern nicht abgehalten zu haben, «die selbstverständlich in den Opfern u.a. an Iupiter ihren Höhepunkt hätten finden müssen».[10] Nach dieser Interpretation ergäben die angeführten literarischen Hinweise in ihrer kumulativen Evidenz den Beleg für die tatsächlich «in der Opferverweigerung vom 29. Oktober erstmals offiziell erkennbar gewordene ‹Wende›». Der zum Christ gewordene Konstantin hätte also die «Demonstration» der Opferverweigerung bewußt inszeniert.[11]

Diese Sicherheit des Urteils scheint mir ein wenig zu weit zu gehen, denn sie überfordert die insgesamt doch nicht hinreichend eindeutigen Belegstellen. Konstantin befand sich, dies sei ohne weiteres zugegeben, in einem dramatischen Prozeß, dessen religiöse Komponente zwar den Weg zum Christentum wies, aber die anderen Komponenten – der triumphale, ohne lange Belagerungen und blutige Schlachten erfochtene Sieg, das Bewußtsein, als Augustus des Westens auf dem Weg zur gewiß längst erstrebten Monarchie (im wahrsten Sinne des Wortes) zu sein, die Aura Roms und die Begegnungen mit den angesehensten Exponenten des vornehmen, heidnischen Senats und der den traditionellen Gottheiten anhängenden *plebs urbana*[12] –, all das und vielleicht noch manches andere, von dem wir nichts wissen können, dürfte die psychische und mentale Verfassung Konstantins am 29. Oktober 312 massiv beeinflußt haben. Insgesamt gesehen läßt die hier skizzierte Quellenlage eine demonstrativ prochristliche und antiheidnische Eindeutigkeit und innere Selbstgewißheit Konstantins zu diesem frühen Zeitpunkt eher unwahrscheinlich erscheinen. Konstantin verdankte seinem Schutzgott den Sieg über den Gegner, und es war notwendigerweise ein anderer Gott als diejenigen Götter, in deren Schutz Maxentius gegen ihn angetreten war – aber war er sich tatsächlich über das Wesen dieser hilfreichen Gottheit im klaren? War ihm bereits jetzt bewußt, daß die Inanspruchnahme dieser seiner Schutzgottheit notwendigerweise die Abkehr von allen anderen, ihm bekannten und vertrauten Gottheiten nach sich ziehen mußte? Zweifel bleiben.

Vorbehalte sind wohl auch angebracht gegenüber einer vermeintlichen «weiteren Demonstration» Konstantins: der «Errichtung einer mit (nicht im Original erhaltener) Inschrift versehenen Konstantinsstatue im Zentrum von Rom, die den Kaiser mit christlicher Inschrift und mit dem ‹siegbringenden Zeichen› des Christentums darstellt»,[13] in Auftrag gegeben «bereits 312/13».[14] In diesem Fall liegen ebenfalls sowohl literarische als archäologische Befunde vor, doch auch diese ergeben in der Summe leider nicht die nötige Klarheit, um tatsächlich von einer «Demonstration» Konstantins sprechen zu können. Eusebius von Caesarea erwähnt mehrfach die berühmte Konstantinsstatue, der früheste Beleg stammt aus seiner Kirchengeschichte:

«Konstantin war sich sehr wohl der Hilfe Gottes bewußt, und er befahl, sogleich das Zeichen des heilbringenden Leidens in die Hand seines Bildnisses zu geben. Und als man ihm so das heilbringende Zeichen in die rechte Hand gegeben hatte und das Bild an dem belebtesten Platz Roms aufgestellt worden war, befahl er, diese Inschrift in lateinischer Sprache anzubringen: ‹Durch dieses heilbringende Zeichen, den wahren Beweis der Tapferkeit, habe ich die Stadt vom Joch des Tyrannen errettet und befreit. Außerdem habe ich dem Senat und dem römischen Volk mit der alten Herrlichkeit und dem alten Glanz auch die Freiheit zurückgegeben.›»[15]

Natürlich assoziiert man diese Zeilen sofort mit den berühmten, heute im Hof des Konservatorenpalastes auf dem Capitol in Rom versammelten Fragmenten der kolossalen Sitzstatue Konstantins, die ursprünglich in der von Maxentius begonnenen und dann von Konstantin übernommenen, riesigen Basilika am Forum Romanum aufgestellt war, aber deren Datierung ungesichert ist. Und da überdies «zwei von Maß, Stil und Technik her einander ähnliche rechte Hände entdeckt wurden»,[16] die beide diesem gewaltigen, circa zehn Meter hohen Werk zugeschrieben werden können, spricht alles für eine spätere Umarbeitung dieser vorher folglich anders gestalteten Statue:

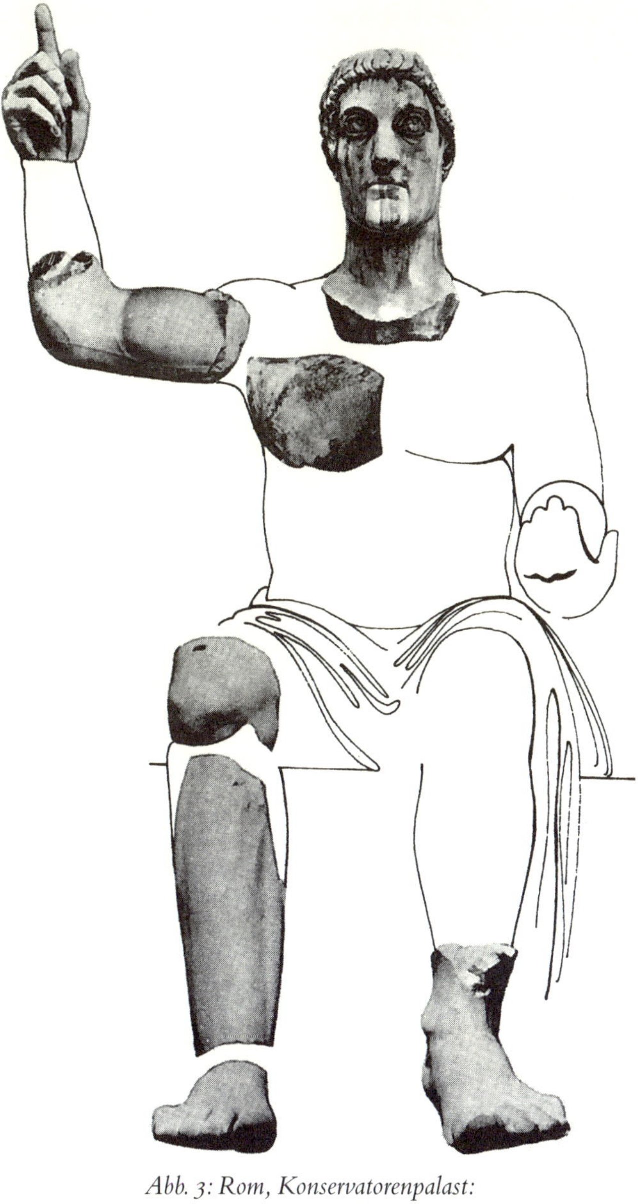

Abb. 3: Rom, Konservatorenpalast: Fragmente der Sitzstatue Konstantins

In der Konsequenz stellen sich erneut etliche Fragen: Mag die Statue auch bald nach (oder womöglich schon an) dem 29. Oktober 312 in Auftrag geben worden sein – wann aber ist sie fertiggestellt worden? Und was ist mit dem «heilbringenden Zeichen» gemeint? Das berühmte Labarum, die mit dem Christogramm versehene, nicht vor 324 belegbare konstantinische Kaiserstandarte kann es jedenfalls nicht gewesen sein – vielleicht aber ein «als Kreuz deutbares Gebilde»?[17] Und wäre dies nicht erst das Attribut der zweiten, späteren Hand gewesen, da sich in der ersten, originalen Hand nach allgemeiner Ansicht ein herkömmliches Zepter befunden haben muß? Wie aber vertrüge sich diese Chronologie mit der christlichen Interpretation der Statue und mit dem Text des Eusebius, laut welchem das «heilbringende Zeichen» in die Hand einer *bereits existierenden* Statue des Kaisers plaziert worden sei? Wie nun hätte man sich dies vorzustellen? Denn vor dem 29. Oktober 312 wird gewiß kein kolossales Bildwerk Konstantins in dem von seinem Rivalen Maxentius beherrschten Rom gefertigt oder gar aufgestellt worden sein. Fragen über Fragen, die einer dezidierten Vereinnahmung dieses Stückes als klare «Demonstration» für die am 29. Oktober 312 bereits vollzogene ‹Konstantinische Wende› entgegenstehen. Möglicherweise, so lautet ein jüngst bekräftigter Erklärungsversuch, hat Eusebius «den Zeitpunkt der Aufstellung der Statue mit jenem ihrer Umarbeitung verwechselt. Letztere erfolgte zwischen 324 und 337, die ursprüngliche Errichtung der Statue hingegen zwischen 312 und 315».[18] Aber diese erste Version hätte dann gerade nicht den eindeutig christlichen, da noch mit dem Zepter und noch nicht mit dem «heilbringenden Zeichen» versehenen Herrscher Konstantin gezeigt. Und damit entfiele das Kolossalbildnis als brauchbares Indiz für die früh erfolgte Hinwendung Konstantins zum Christentum.

Fiktive Vorgeschichte: Die ‹christliche Vision›

Die in den eben formulierten Fragen artikulierten Sorgen moderner Historiker, bei den Bemühungen um die Rekonstruktion der Geschichte möglicherweise (vermeintliche) Wirklichkeiten zu erfinden, brauchten sich die spätantiken Kirchenhistoriker nicht zu machen. Ihnen ging es nämlich um die innere, zielorientierte Schlüssigkeit des Erzählten, um die Explikation von Offenbarung und ‹erfahrener› Wahrhaftigkeit, nicht aber um historisch-kritische Wissenschaft. Doch sind ihre Berichte daher rundweg als unglaubwürdig abzutun? So einfach liegen die Dinge nicht, und so führt bei einem neuen Versuch, Konstantin monographisch zu behandeln und sein Leben zu erzählen, kein Weg daran vorbei, «die unendlich traktierten, miteinander kaum oder gar nicht vereinbaren Traum- bzw. Visionsberichte des Laktanz und des Eusebius von Caesarea erneut unter dem Gesichtspunkt zu befragen, ob ein ‹echtes› Erlebnis dahinter stand und wann und wie es denn ‹eigentlich› gewesen sein könnte».[19]

Die beiden genannten christlichen Autoren berichten nämlich, daß Konstantin zu einem nicht exakt bestimmbaren Zeitpunkt (so Eusebius) beziehungsweise direkt in der Nacht vor der Schlacht vor der Milvischen Brücke (so Laktanz) eine christliche Vision zuteil geworden sei, die ihn dazu bewogen hätte, sich zusammen mit seinen Truppen unter dem Schutz dieses Gottes in die militärischen Auseinandersetzungen gegen Maxentius zu begeben. Die ‹konstantinische Wende›, der ‹qualitative Sprung› wäre folglich – zumindest was den Kaiser als Person und seine innere Disposition anbelangt – schon vor dem 29. Oktober 312 vollzogen worden.

Alle diejenigen Gelehrten, die diesen – und das ist von entscheidender Bedeutung – erst nachträglich entstandenen Visions- und Bekehrungsberichten sehr kritisch gegenüber stehen,[20] heben zunächst mit vollem Recht die Tatsache hervor, daß in der den Ereignissen des Herbstes 312 zeitlich am nächsten stehenden Kirchengeschichte des Eusebius von Caesarea kein derartiger Vorgang erwähnt wird, woraus zu folgern sei, daß die Visionserzählung ein erst später entstandener, möglicherweise von Konstantin selbst vorgenommener oder auch nur lancierter Versuch sei, den Begebenheiten des Herbstes 312 eine innere Logik zu verleihen oder gar eine in sich geschlossene, bruchlose Christianisierungsgeschichte vermitteln zu können. Tatsächlich treffen wir erstmals in dem um 315 anzusetzenden Werk des Laktanz «Über die Todesarten der Christenverfolger» auf die Nachricht einer christlichen Erleuchtung Konstantins:[21]

«Es nahte der Tag, an dem Maxentius seine Herrschaft angetreten hatte, das heißt der sechste Tag vor den Kalenden des November (27. Oktober), und die Fünfjahresjubiläen gingen zu Ende. Im Schlaf wurde Konstantin ermahnt, das himmlische Zeichen Gottes an den Schilden anzubringen und so die Schlacht zu beginnen. Er verhält sich weisungsgemäß und bezeichnet Christus auf den Schilden, indem er den Buchstaben X umlegte und die oberste Spitze umbog. Mit diesem Zeichen gerüstet greift das Heer zu den Waffen.»

Konstantin, so Laktanz, sei mit «dem himmlischen Zeichen Gottes» *(caeleste signum dei)* als Schildzeichen in die Schlacht gezogen, und dieses – tatsächlich erst 322/23 erstmals als Schildzeichen belegte – Zeichen kann nur das Christogramm ☧ gewesen sein.[22] Es ist von dem in dem anschließenden, möglicherweise erst zu einem späteren Zeitpunkt in den Text des Laktanz (als Randglosse?) geratenen Nebensatz bezeichneten Staurogramm ⳨ («indem er den Buchstaben X umlegte und die oberste Spitze umbog»)[23] sorgfältig zu unterscheiden. Wie haben wir uns das nun in concreto vorzustellen? Ist es tatsächlich denkbar, daß Konstantin in aller Herrgottsfrühe am 28. Oktober 312 seine zu Tausenden zählenden und gewiß zum weit überwiegenden Teil altgläubigen Soldaten zusammengetrommelt hat, um auf die Schilde das ☧ zu malen? Das scheint, zumal angesichts des Fehlens weiterer aussagekräftiger Indizien, schlechterdings nicht vorstellbar zu sein. Erheblich einleuchtender ist daher die Annahme, daß die konstantinischen Schilde mit einem bereits vorher auf ihnen angebrachten Symbol geschmückt waren, welches möglicherweise dem Sonnenkult entstammte und noch im frühen 5. Jahrhundert nach Christus auf der Arcadius-Säule in Konstantinopel bildlich belegt ist, das heißt mit einem strahlengeschmückten Stern

Abb. 4: Basis der Arcadius-Säule (Konstantinopel)

oder einem Lichtsymbol, welches nach dem Sieg über Maxentius und der erfolgten konstantinischen Wende zum Christentum einer nun opportun erscheinenden christlichen Umdeutung zugänglich war.[24]

Insofern dürfte in der Tat auch Konstantin selbst bereits Ende 312/Anfang 313, als er in einem Brief an den heidnischen (?) Proconsul Anullinus in Africa erklärt, «die göttlichen Wohltaten» seien das erwünschte und verdiente, allen Belangen der Menschen Glückseligkeit verschaffende Resultat der Verehrung der heiligsten Gottheit, hier allein den Christengott gemeint und diesem rückblickend die ‹allergrößte Wohltat› in Form des Sieges an der Milvischen Brücke zugeschrieben haben.[25] Entscheidend aber ist, daß dies im Rückblick geschieht und daß alle Varianten der christlichen Vision Konstantins zusammen mit den entsprechenden Selbstdeutungen des Kaisers erst nachträglich, nach der Schlacht vom 28. Oktober 312 und nach dem Einzug in Rom am 29. Oktober 312, in dieser Weise christlich eingefärbt worden sind.

Letzteres gilt auch für die zweite, ausführlichere, aber zugleich sehr viel spätere und daher noch kritischer zu beurteilende Version der angeblichen christlichen Erleuchtung Konstantins vor der Schlacht an der Milvischen Brücke, welche der Bischof Eusebius von Caesarea in seiner erst nach dem Tod Konstantins entstandenen Biographie formuliert hat:[26]

«*Er (Konstantin) rief also in seinen Gebeten diesen (Gott) an, und er bat ihn und flehte ihn inständig an, er möge ihm zeigen, wer er sei, und er möge ihm für die bevorstehenden Unternehmungen seine Rechte reichen. Dem diese Gebete verrichtenden und inständig flehenden Kaiser erschien ein ganz unglaubliches Gotteszeichen, das man wahrscheinlich nicht leicht hinnähme, wenn ein anderer es erzählte; da aber der sieghafte Kaiser es uns, die wir diesen Bericht verfassen, lange Zeit später, als wir seiner Bekanntschaft und seines Umganges würdig waren, selbst erzählt und die Erzählung durch Eide beglaubigt hat – wer wollte da noch zögern, der Erzählung Vertrauen*

zu schenken, vor allem, da die spätere Zeit von der Wahrheit des Berichtes Zeugnis ablegte?
Um die Mittagszeit, als sich der Tag schon zur Neige wandte, habe er, sagte der Kaiser, mit seinen eigenen Augen am Himmel ein über der Sonne stehendes Siegeszeichen des Kreuzes, aus Licht gebildet, gesehen und damit verbunden die Schrift: ‹Hierdurch siege!›. Staunen habe ihn bei diesem Anblick ergriffen und auch das gesamte Heer, das ihn auf einem Marsch irgendwohin begleitete und Augenzeuge dieses Wunders wurde. Da, sagte er, sei er in Unkenntnis gewesen, was diese Erscheinung bedeutete. Da er dies überlegte und viel nachdachte, sei die Nacht gekommen. Da habe sich ihm, als er schlief, der Christus Gottes gezeigt mit dem am Himmel erschienenen Zeichen und ihm befohlen, eine Nachbildung des am Himmel gesehenen Zeichens zu machen und dieses als Schutzmittel gegen die Attacken der Feinde zu gebrauchen.»

Erkennbar belegt der gesamte Duktus des eusebianischen Textes die Existenz schon zeitgenössischer Zweifel an der Authentizität des Berichtes, die Eusebius zu zerstreuen sucht. Denn das Insistieren auf der Wiedergabe eines von Konstantin persönlich referierten und sogar von diesem beeideten Vorganges, der – auch dies wird dem womöglich kritischen Leser nachdrücklich vermittelt – vom Kaiser «mit eigenen Augen» beobachtet worden sei, kann nur Ausdruck des offenbar dominierenden Bestrebens sein, verbreiteten Vorbehalten zu begegnen. Bemerkenswert ist überdies, daß Eusebius nur sehr vage Angaben zur Datierung und Lokalisierung des Visionserlebnisses macht. Weder bezeichnet er näher den Tag der Himmelserscheinung und die darauffolgende Nacht mit der den Sinn des Geschauten erhellenden Vision, noch bezeichnet er die Gegend, wo die Erlebnisse sich abgespielt hätten, denn – so Eusebius – das Heer habe Konstantin «auf einem Marsch irgendwohin begleitet». Dies hat dazu geführt, daß man sogar die ‹heidnische Vision› von 310 (S. 39) im gallischen Apollo-Heiligtum hinter dem eusebianischen Visionsbericht vermutet hat, was bedeuten würde, daß Konstantin selbst (und in seinem Gefolge die christlichen Schriftsteller) die ‹solare Erscheinung› erst im nachhinein christlich interpretiert beziehungsweise umgedeutet hätten.

Auch die anschließenden Abschnitte in dem Bericht des Eusebius sind nicht dazu angetan, die offennbar bereits antiken Vorbehalte zu zerstreuen. Diese behalten, im Gegenteil, auch in der modernen Rückschau gerade deswegen ihre volle Berechtigung, weil die anschließend von Eusebius präsentierte Beschreibung des angeblich nach der Vision angefertigten Abbildes des himmlischen Wunderzeichens exakt dem Labarum entspricht, der kaiserlichen Standarte, welche bildlich aber erstmals auf der Rückseite einer Bronzemünze des Jahres 327/28 (mit der Legende «Spes publica») auftaucht:

Abb. 5: Spes publica-Münze von 327/28

Eusebius schreibt: «*Das Zeichen war in folgender Gestalt gefertigt: Ein langer, vergoldeter Lanzenschaft trug eine Querstange und war folglich in der Gestalt eines Kreuzes verfertigt. Am oberen Rand des Ganzen war ein aus Edelsteinen und Gold geflochtener Kranz befestigt, an welchem das Zeichen des Namens des Erlösers angebracht war: zwei Buchstaben, die als Anfangsbuchstaben den Namen Christi anzeigten, indem das Rho (P) in der Mitte durch das Chi (X) ge-*

kreuzt war. Diese Buchstaben pflegte der Kaiser in späteren Zeiten auch an seinem Helm zu tragen. An der Querstange, die durch den Lanzenschaft gesteckt war, hing noch ein Leinentuch, kostbares Gewebe, welches ... einen herrlichen Anblick gewährte ... Der senkrechte Lanzenschaft aber ... trug unter dem Zeichen des Kreuzes, am oberen Ende des dargestellten Gewebes, das vergoldete Brustbild des gottgeliebten Kaisers und ebenso das seiner Kinder.»[27]

Etliche Anachronismen beweisen, daß dieses von Eusebius beschriebene Labarum auf keinen Fall bereits um 312 in Gebrauch gewesen sein kann. So besaß Konstantin seinerzeit nur einen Sohn, den um 300 geborenen Crispus aus seiner Verbindung mit Minervina, der aber noch keinerlei politische Bedeutung besaß und gewiß nicht im Porträt auf einem konstantinischen Feldzeichen dargestellt worden sein kann.[28] Und von mehreren Kindern kann erst recht keine Rede sein, denn es gab sie zu diesem Zeitpunkt schlicht noch nicht.

Die Visionserzählungen, im übrigen ein Topos paganer wie christlicher Historiographie und Herrscherpanegyrik,[29] besitzen also keinen eigenen Aussagewert für die hier zu beantwortende Hauptfrage nach dem exakten Zeitpunkt und der genauen Beschaffenheit des ‹qualitativen Sprungs›, der gleichwohl bei Konstantin im Herbst 312 mit hoher Wahrscheinlichkeit stattgefunden hat, denn in dem schon erwähnten Schreiben an Anullinus Ende 312/Anfang 313 äußert sich Konstantin eindeutig als Christ, und auch seine bereits Ende 312 einsetzende Kirchenbaupolitik in Rom spricht für die Existenz einer ‹konstantinischen Wende› bereits in dieser Zeit.[30] Allerdings sind die Visionsberichte und ihr deutliches Werben um Akzeptanz ein Indiz für die Brisanz der persönlichen religiösen Haltung und des religionspolitischen Verhaltens des Kaisers Konstantin, und dies gilt ebenfalls für die Ikonographie des stadtrömischen Konstantinsbogens, die als letzter zeitnaher Reflex der dramatischen Herbstzeit des Jahres 312 hier näher zu betrachten ist.

Stilisierte Geschichte: Der Konstantinsbogen

Der im Kolosseumstal errichtete Konstantinsbogen, anläßlich des zehnjährigen Regierungsjubiläums Konstantins in Rom im Spätsommer 315 formell von Senat und Volk dem (persönlich anwesenden) Kaiser geweiht, bietet gewissermaßen die offiziöse, zweifellos zwischen Kaiser und Senat abgestimmte Interpretation der dramatischen Ereignisse vom Oktober 312. Der unter Verwendung zahlreicher Bauglieder von anderen Monumenten möglicherweise an der Stelle eines älteren Vorgängerdenkmals errichtete Ehrenbogen[31] besitzt neben einem hochinteressanten Ensemble diverser neugefertigter bzw. älterer, teilweise umgearbeiteter Reliefs[32] eine auf den Attiken der Nord- und Südseite plazierte, im Wortlaut identische Inschrift, die jüngst noch einmal in religionspolitischer Hinsicht als «Meisterwerk der Uneindeutigkeit» *(capolavoro di ambiguità)* gewürdigt worden ist:[33]

«*Für den Imperator Caesar Flavius Constantinus, den größten, frommen und glückbringenden Augustus, haben Senat und Volk von Rom, weil er durch Eingebung einer Gottheit mit der Größe seines Geistes und mit seinem Heer gleichzeitig den Staat sowohl an dem Tyrannen als auch an der gesamten Anhängerschaft mit gerechten Waffen gerächt hat, diesen durch Triumphe ausgezeichneten Bogen geweiht.*»[34]

Die große Aufmerksamkeit der modernen Wissenschaft konzentrierte sich zu Recht auf die eigentümliche Formel *instinctu divinitatis,* hier in der üblichen Weise «durch Eingebung einer Gottheit» übersetzt. Warum, so lautet die naheliegende Frage, hat Konstantin, wenn er sich ab dem 29. Oktober 312, spätestens aber in der bald darauf einsetzenden innerchristlichen Korrespondenz und durch die Stiftung christlicher Kirchen unzweideutig als Christ zu erkennen gibt, noch im Jahr 315 eine derart nebulöse Formel auf den Bogen setzen lassen? Man hat zur Erklärung immer wieder auf den heidnischen

Senat als den eigentlichen Auftraggeber des Monumentes verwiesen[35] und auf die (macht-)politisch bedingte Absicht Konstantins, möglichst nicht die mehrheitlich gewiß paganen Betrachter und Leser der Inschrift in Rom zu befremden, kurzum: Realpolitischer Pragmatismus habe hier die bewußte Verschleierung der persönlichen Religiosität des Kaisers bedingt.

Diese Deutungen behielten auch dann ihre Berechtigung, wenn eine jüngst vorgeschlagene Präzisierung der Übersetzung der Inschrift das Richtige treffen sollte.[36] Danach sei mit dem *divinus instinctus* nicht etwa die Wirkung einer von außen intervenierenden Gottheit, sondern die göttliche Wirkungskraft, die Konstantin selbst innewohne, zu verstehen. Auch nach dieser Interpretation hätte Konstantin freilich bewußt darauf verzichtet, die ihm persönlich gewiß unbezweifelbare Unterstützung durch den höchsten Gott der Christen einem großen Publikum mitzuteilen. Angesichts der vorauszusetzenden überragenden Bedeutung des Religiösen auch für den Menschen und Kaiser und seiner Verwurzelung im religiösen Denken seiner Zeit erweist Konstantin sich hier als wahrhaft erstaunlich kühler, selbst auf dem Feld der Religion zweckrational kalkulierender Machtpolitiker, und dies gilt um so mehr angesichts des in der Summe doch wohl eindeutig heidnischen Bildprogramms des Konstantinsbogens.

Trajanische Reliefs im mittleren Bogendurchgang, versehen mit den Titeln *Liberatori Urbis* («für den Befreier der Stadt») und *Fundatori Quietis* («für den Begründer der friedlichen Stabilität»), plazieren Konstantin zum einen in die Nachfolge des in der historischen Erinnerung der Römer stets als Idealherrscher *(optimus princeps)* gegenwärtigen Trajan (98–117 nach Christus) und stellen zum anderen den Bezug zum Geschehen des Oktobers 312 her. Daß diese Ereignisse den (neben den Dezennalien – den Feierlichkeiten zum zehnjährigen Kaiserjubiläum – Konstantins) eigentlichen Anlaß und wichtigsten motivgebenden Kontext des Bogens darstel-

Abb. 6: Konstantinsbogen (Rom), Südseite

len, lehrt auch das umlaufende, erst für dieses Monument geschaffene und aus sechs Einzelszenen bestehende Reliefband mit den wichtigsten Etappen des Krieges gegen Maxentius, darunter eindrucksvolle Darstellungen von der Schlacht vor der Milvischen Brücke und von Konstantins anschließendem Einzug in Rom.[37] Über diesem Fries befinden sich acht ursprünglich für den Kaiser Hadrian (117–138 nach Christus) geschaffene Rundreliefs, deren Köpfe zu Porträts Konstantins einerseits und des Licinius[38] (oder des Constantius I. Chlorus)[39] andererseits umgearbeitet worden sind. Hochbedeutsam ist hier zunächst die Beobachtung, daß Konstantin sich gezielt und öffentlichkeitsmächtig durch die zweifellos von ihm selbst autorisierte Einarbeitung seines Porträts in einem dezidiert pagan-traditionellen Kontext vorstellen läßt, denn die Tondi (die großen Rundmedaillons) zeigen neben Jagdszenen auch Opfer an Diana, Herkules und Apollo. Konstantin beschränkt sich nicht einmal darauf, sein Porträt nur in die Jagdbilder einsetzen zu lassen, sondern er läßt sich sogar als Opfernder vor Diana bzw. Artemis darstellen.[40] Die acht rechteckigen Reliefs in den Seitenfeldern der Attika (des Aufsatzes über dem Hauptgesims) schließlich sind einem einst zu Ehren Mark Aurels (161–180 nach Christus) errichteten Bauwerk entnommen, das kaiserliches Handeln in zivilem und militärischem Kontext zeigt. In welcher Weise hier die ursprünglichen Kaiserköpfe über- beziehungsweise umgearbeitet worden sind, läßt sich heute leider nicht mehr klären, da bereits im 18. Jahrhundert eine Erneuerung der Köpfe erfolgt ist.[41]

Die für jeden römischen Kaiser gewissermaßen kanonische Rückbeziehung auf idealisierte Vorgänger stellt hier kein interpretatorisches Problem dar. Mitten in die heillos aufgefächerten religionspolitischen Kontroversen führen jedoch erneut die Rundreliefs der beiden Schmalseiten des Konstantinsbogens. Auf ihnen sind einmal die Mondgöttin Luna, das andere Mal der Sonnengott Sol zu sehen, letzterer in herkömmlicher Manier als Sol Invictus mit Strahlenkrone und Globus.[42]

Und zu dieser ikonographischen Prominenz des Sonnengottes auf dem Bogen paßt überdies die in den letzten Jahren aufgrund neuer Forschungen deutlich gewordene, offenbar gezielt geplante Ausrichtung des Monumentes auf die nördlich von ihm plazierte Kolossalstatue, die einst den Kaiser Nero (54–68 nach Christus) als Sonnengott gezeigt hatte, nach seinem Tod aber zu einer Statue nur des Gottes Sol umgearbeitet worden war. Natürlich liegt daher die Versuchung nahe (der auch häufig nachgegeben worden ist), eine relativ bruchlose Linie von der Apollo-Sol-Vision Konstantins des Jahres 310 über die möglicherweise erst nachträglich im christlichen Sinne gedeutete, göttliche Eingebung vor der Schlacht an der Milvischen Brücke hin zu der Ikonographie

Abb. 7: Konstantinsbogen (Rom), Ostseite: Sol-Medaillon

des Bogens von 315 zu ziehen, um Konstantin als konsequenten Anhänger des henotheistischen – allein den Sonnengott als Gott anerkennenden – Sonnenkultes darzustellen ; eine solche Verbindung läßt sich allerdings nach allem bisher Gesagten zweifellos nicht herstellen. Denn die Indizien für eine deutliche und unumkehrbare Hinwendung Konstantins zum Christengott seit dem Herbst 312 wiegen schwer, und die (im nächsten Kapitel näher vorzustellenden) religionspolitischen Dokumente seit dem Frühjahr 313 aus der Feder des Kaisers selbst zeigen in der Tat, «daß für ihn der Gott der Christen nicht neben den Göttern der übrigen Religionen stand, sondern mit der *summa divinitas* (der obersten Göttlichkeit, Anm. d. Verf.) identisch war, und daß er von katholischen Christen als einer der Ihren angesehen werden wollte».[43]

Jeder Versuch, Konstantins persönliches Bekenntnis mit den äußeren Merkmalen seiner Religionspolitik und der kaiserlichen Bildersprache in eine schlüssige, möglichst deckungsgleiche Relation zu bringen, muß scheitern. Es führt in der Tat kein Weg an der Einsicht vorbei, daß der Christ Konstantin seit der Schlacht vor der Milvischen Brücke als politischer Pragmatiker und Realist mit klaren herrschaftspolitischen Zielen und machtpolitischen Einsichten in der Lage war, bis zu einem bestimmten Grade nicht nur Toleranz gegenüber den herkömmlichen Kulten walten zu lassen, sondern sogar eine gewisse persönliche Nähe seiner Person zu bestimmten traditionellen Gottheiten zu konzedieren – nicht etwa zu Iupiter, wohl aber zu Diana und Victoria und besonders zu dem Sonnengott Sol Invictus.

Diese überlegte, mit wohlkalkulierten politischen Botschaften operierende Haltung Konstantins läßt sich auch an weiteren Besonderheiten und Details des Konstantinsbogens erweisen.[44] Zunächst ist auffällig, daß, anders als bei üblichen Triumphbögen, die in der Regel von einer Statuengruppe (meist einem Vierergespann) bekrönt waren, nach dem klaren archäologischen Befund hier offenbar nie eine derartige Bekrönung existiert hat. Konstantin gab damit den für alle zeitgenössischen Betrachter unmittelbar verständlichen Hinweis, tatsächlich keinen formellen Triumph gefeiert zu haben; der Sieger Konstantin läßt sich also nicht *als* Triumphator darstellen, sondern nur *wie* jemand, der einen Triumph verdient gehabt hätte. Zugespitzt kann man sagen, daß «der Bogen Constantins im eigentlichen Sinne des Wortes als ein Nicht-Triumph-Bogen zu verstehen» ist.[45]

Es war ein Zeichen politischer Klugheit Konstantins, auf einen förmlichen Triumph zu verzichten und damit die gewiß noch zahlreich in Rom lebenden Maxentius-Anhänger nicht kollektiv in den Stand besiegter Barbaren herabzuwürdigen: «Offiziell galt die Devise (die auch in der Dedikationsinschrift des Bogens noch proklamiert wird), daß die gesamte Anhängerschaft des Maxentius mit ihm selber zugrundegegangen war: damit waren alle Überlebenden exkulpiert.»[46]

Das Denkmal vermittelte somit, neben der Glorifizierung des Siegers, ein deutliches Zeichen von Versöhnung und Friedenswillen. Ebendiese Zielrichtung ergibt sich auch aus der überraschenden Komposition des konstantinischen Frieses. Denn die sechs Einzelszenen beginnen mit militärischen Ereignissen – Truppenauszug, Belagerung einer Stadt, Schlacht vor der Milvischen Brücke –, enden aber mit zivilen Handlungen: Einzug nach Rom, Ansprache Konstantins an das Volk und Verteilung von Geldgeschenken durch den Kaiser.

Während auf vergleichbaren Siegesmonumenten, etwa auf der Trajanssäule und der Mark Aurel-Säule in Rom, Siegesopfer oder der Blick auf das eroberte und befriedete Gebiet den ikonographischen Schlußpunkt setzen und die in der Münzprägung oft dargestellte kaiserliche Ansprache *(adlocutio)*

Abb. 8: Konstantinsbogen (Rom), konstantinischer Fries: Ansprache Konstantins an das Volk

regelmäßig an die römischen Truppen gerichtet ist, beschließt hier der Kaiser den siegreichen Krieg durch demonstrativ zivile Handlungen. Es sollte offenbar deutlich werden, «daß der Krieg ein Ende gefunden hatte, daß wieder Eintracht hergestellt worden war: Eintracht nicht zwischen Kaiser und Heer (denn diese Eintracht hatte niemals in Frage gestanden), sondern Eintracht zwischen Kaiser, Senat und Volk. Der Bürgerkrieg ist erst dann wirklich zu Ende, wenn der *consensus universorum* (die Einmütigkeit aller, Anm. d. Verf.) wieder in Kraft tritt.»[47]

Der seit Ende 312 unbezweifelbar christliche Kaiser Konstantin tritt der stadtrömischen Öffentlichkeit auf seinem Siegesmonument als Friedenskaiser gegenüber, der niemanden von den *universi* ausgrenzt, auch nicht aus religionspolitischen Gründen. Man mag sich aus heutiger Perspektive, in welcher gewöhnlich der Gegensatz zwischen dem monotheistischen Christentum und dem polytheistischen Heidentum zugespitzt wird, über die Gleichzeitigkeit dieser sich vermeintlich ausschließenden Positionen wundern – der spätantiken Realität wird man damit nicht gerecht.

IV. CHRISTIANISIERUNG UND MONARCHISIERUNG: 312–324

‹Im Zeichen des Kreuzes›: Auf dem Weg zur Alleinherrschaft

Im Jahre 336 hielt Eusebius von Caesarea zum Ende der Tricennalia, des dreißigjährigen Regierungsjubiläums Konstantins, vor dem Kaiser eine Festrede («Triakontaëterikos»), in welcher der Gedanke einer Harmonie zwischen irdischer und göttlicher Herrschaft breit ausgeführt wird. So wie es nur den einen und wahren Gott gebe, so könne auch nur ein einziger Herrscher auf Erden die Geschicke leiten, Mehrkaiserherrschaft führe unweigerlich zu Bürgerkriegen und Anarchie.[1]

Diese im Rückblick und am Ende einer mehr als zehnjährigen unangefochtenen Alleinherrschaft Konstantins geäußerten Überzeugungen können durchaus als Leitvorstellungen des konstantinischen Selbstverständnisses seit 312 gelten. Damit soll nicht etwa die gelegentlich geäußerte These gestützt werden, Konstantin habe aus vorwiegend machtpolitischen und pragmatischen Erwägungen seit Ende 312 das Christentum mit dem Ziel gefördert, die Christen in dem von seinen Rivalen Maximinus Daia und Licinius beherrschten östlichen Teilen des Reiches als Verbündete zu gewinnen und gegen seine Konkurrenten aufzuwiegeln,[2] sondern es soll nur unterstrichen werden, daß Konstantins Herrschaftswille und Herrschaftsauffassung christlichem Gedankengut konvergierte. Das mag ihn in seiner persönlichen Entscheidung zugunsten des

Christentums zusätzlich bestärkt haben, die konstantinische Wende erweist sich durch derartige Erwägungen als stimmiges Resultat persönlicher religiöser Neigungen und politischer Überlegungen.

Unbezweifelbar ist Konstantins deutliches und seit der gewonnenen Schlacht gegen Maxentius gewiß noch gesteigertes Bestreben, eine Monarchie herkömmlichen Musters zu etablieren, zumal das System der Tetrarchie mit dem Tod des Galerius im Jahr 311 seinen wichtigsten Träger und Vorkämpfer eingebüßt hatte. Zunächst war also das Verhältnis zu den beiden verbliebenen anderen Augusti, Licinius und Maximinus Daia, zu klären, wobei letzterer als der eigentliche Bewahrer des tetrarchischen Ideengutes agierte.

Maximinus Daia hatte nämlich bereits durch einen demonstrativen Akt im Jahre 312 erkennen lassen, daß er einen Konfrontationskurs gegenüber Konstantin einzuschlagen beabsichtigte. In einem kaiserlichen Erlaß, einem Reskript, das von Petitionen etlicher altgläubiger Poleis und Amtsträger im griechischen Osten erwirkt worden war, begrüßt Maximinus Daia emphatisch die antichristliche Initiative der Petenten und polemisiert gegen die Christen: «*Endlich hat die dürftige Kühnheit des menschlichen Verstandes einmal die ganze Schwäche und den Nebel eines Irrtums, der früher die Sinne der nicht so sehr gottlosen als unglücklichen Menschen in das verderbliche Dunkel der Unwissenheit einhüllte und gefangenhielt, von sich abgeschüttelt und verscheucht und zu erkennen vermocht, daß sie durch die gütige Vorsehung der unsterblichen Götter gelenkt und erhalten wird. Man vermag es kaum in Worte zu fassen, wie erwünscht, wie außerordentlich angenehm und erfreulich uns diese Tatsache ist, durch die ihr ein großartiges Beispiel eurer gottesfürchtigen Gesinnung gegeben habt ... Er dort nämlich, der wohlbekannte, der allerhöchste und mächtigste Zeus, der über eurer glänzenden Stadt thront, der eure heimischen Götter, eure Frauen und Kinder, euren Herd und eure Häuser vor jeglichem Verderben und Untergang bewahrt, hat euren Seelen den rettenden Willen eingehaucht und euch gezeigt und offenbart, wie vorzüglich, herr-*

lich und heilsam es ist, sich mit der schuldigen Ehrfurcht der Verehrung und den heiligen Kulthandlungen der unsterblichen Götter zuzuwenden.» Im weiteren distanziert sich Maximinus Daia von dem Toleranzedikt des Galerius, schränkt die christliche Kultpraxis in dem von ihm beherrschten Reichsteil ein, attackiert den «unheilvollen Irrtum» und die «nichtige Torheit» der Christen und sorgt für eine Restauration der hergebrachten Opfer und kultischen Ehren für die traditionellen Gottheiten. Um diese Gottheiten nicht zu beeinträchtigen, sollten Christen «weit von der Stadt und dem Umland entfernt und verbannt werden», so daß man sich in den Städten gemäß deren «eigenem Verlangen mit der schuldigen Ehrfurcht dem Opferdienst für die unsterblichen Götter widmen könne».[3]

Formell hielt Maximinus Daia als «Iovius» an der tetrarchischen Religionspolitik fest, und er lavierte sich durch sein Festhalten an den tetrarchischen Grundpositionen in eine letztlich ausweglose Situation, da Konstantin und Licinius sich zusehends aufeinanderzubewegten. Besiegelt wurde diese gewiß rein strategische Allianz durch die bereits erwähnte Hochzeit zwischen Licinius und einer Halbschwester Konstantins, Constantia, Anfang des Jahres 313 in Mailand. Bei dieser Gelegenheit einigten sich beide Augusti zugleich auf eine religionspolitische Kompromißlinie, die erkennen läßt, daß Konstantin noch keineswegs von einer Position der Stärke aus mit Licinius zu verhandeln in der Lage war. Denn die Mailänder Vereinbarungen[4] (fälschlich zumeist als ‹Mailänder Edikt› bezeichnet), die von Licinius im Sommer 313 in Kleinasien publiziert worden sind, proklamieren eine allgemeine, das heißt auch allen Nichtchristen konzedierte, Religionsfreiheit. Aus dem Duktus des erhaltenen Textes läßt sich folgern, daß es zwischen Konstantin und Licinius nicht unerhebliche Differenzen gegeben hatte «und daß Konstantin sich mit möglicherweise weitgehenden, dem christlichen Monotheismus konsequent Rechnung tragenden Absichten nicht hatte durchsetzen können».[5]

Obwohl Konstantin – wie wir im anschließenden Kapitel sehen werden – in nahezu gleichzeitig mit diesen Mailänder Vereinbarungen entstandenen Dokumenten eindeutig Position zugunsten dieses monotheistischen Christentums bezog, war er hier aus politisch- pragmatischen Erwägungen gehalten, auch allen paganen Kulten und Priestern eine Bestandsgarantie zu geben. Durch dieses Arrangement politisch gestärkt, zog Licinius von Mailand aus Maximinus Daia entgegen und besiegte ihn in einer großen Schlacht am 30. April 313 bei dem thrakischen Ort Tzivallum (in der Nähe Adrianopels). Daia konnte zunächst noch ins innere Anatolien entkommen, fand dann aber im Spätsommer 313 im kilikischen Tarsos den Tod. Damit war aus der Tetrarchie innerhalb weniger Jahre eine Dyarchie geworden, ein Zweikaiserregiment mit je einem ‹Westkaiser› (Konstantin) und ‹Ostkaiser› (Licinius), mithin ein Modell, welches im weiteren Verlauf des vierten und fünften Jahrhunderts nach Christus noch häufig anzutreffen sein wird und gelegentlich auch nicht schlecht funktionierte.

Im vorliegenden Fall freilich funktionierte es nicht. Das dürfte weniger in religionspolitischen Differenzen als vielmehr in profaner machtpolitischer Rivalität begründet gewesen sein, konkret zunächst in der Frage, welche Territorien zu wessen Herrschaftsgebiet gehören sollten. In diesen Zusammenhang gehört die Nachricht, daß Konstantin dem Licinius vorschlug, Italien als eine Art neutraler Zone von einem neu zu ernennenden Caesar regieren zu lassen, und zwar von Bassianus, der mit einer anderen Halbschwester Konstantins namens Anastasia verheiratet war.[6] Licinius scheint dieses Ansinnen nicht nur abgelehnt, sondern überdies Bassianus zu einem Komplott gegen Konstantin ermuntert zu haben. Die Verschwörung flog allerdings auf, und Konstantin reagierte auf eine Weise, die später noch mehrmals an ihm zu beobachten sein wird: Er ließ rücksichtslose und konsequente Härte walten, denn Bassianus wurde sofort hingerichtet. Anschließende Meinungsverschiedenheiten mit Konstantin veranlaßten Licinius dazu, in Emona (im heute slowenischen Ljubljana) Porträts und Statuen Konstantins zerstören zu lassen.[7] Damit war das Tischtuch zwischen den beiden Augusti endgültig zerschnitten, und folgerichtig kam es zur militärischen Eskalation.[8] Licinius traf mit einer Armee von angeblich 35000 Soldaten auf den gegen ihn mit vermeintlich nur 20000 Mann heranrückenden Konstantin und wurde am 8. Oktober 316 bei Cibalae (nordwestlich von Sirmium/dem heutigen Sremska Mitrovica) vernichtend geschlagen. Er kam jedoch mit dem Leben davon, erhob sogar in Adrianopel mit Aurelius Valerius Valens eigenmächtig einen Nebenkaiser und stellte sich einer zweiten Schlacht (nahe Adrianopel). Diese verlief zwar günstiger für Licinius, gleichwohl mußte er seinen frischgebackenen kaiserlichen Kompagnon opfern, ihn offenbar sogar höchstselbst wieder aus dem Weg räumen lassen[9] und sich überdies, mit Ausnahme Thrakiens, aus Europa zurückziehen.[10]

Es war nur folgerichtig, daß Konstantin nun unverzüglich die entsprechenden dynastischen Weichen stellte, um seine Herrschaft langfristig zu stabilisieren und eine innerfamiliäre Sukzession zu garantieren. Am 1. März 317 erhob er seinen ersten, aus der Verbindung mit Minervina stammenden und noch unmündigen Sohn Crispus sowie den frisch von seiner Gattin Fausta geborenen Constantinus (II.) zu Caesares; der nach den militärischen Mißerfolgen in seiner Stellung entscheidend geschwächte Licinius hingegen mußte sich mit nur einem Caesar, seinem knapp zweijährigen Söhnchen Licinianus Licinius, begnügen. Selbstverständlich lag in einer derart unausgewogenen Regelung bereits der Keim weiterer Konflikte, die denn auch bald auf etlichen Feldern deutlich zutage traten. Weder gab es eine Form wirklicher Kooperation in der Regierungspraxis noch eine gemeinsame Gesetzgebung oder eine dem Mailänder Arrangement von 313 entsprechende Religionspolitik – das Gegenteil war vielmehr der Fall. Denn Licinius bekannte sich in seiner Münzprägung nun offiziell und demonstrativ zu Iupiter als dem höchsten Gott, der den Fortbestand seiner Herrschaft garantiere,[11] und er sorgte für die Entfernung der Christen von seinem Hof[12] sowie für die Unterbindung des kirchlichen institutionellen Lebens. Allerdings dürften diese Maßnahmen auch als Reaktion auf fortgesetzte Provokationen von seiten Konstantins zu werten sein. Denn dieser agierte politisch und militärisch unbekümmert auch in dem (südosteuropäischen) Machtbereich seines ‹Kollegen›. Bis zum Jahre 324 zogen sich diese fortgesetzten Reibereien hin, die dann in die längst erwartete erneute militärische Auseinandersetzung mündeten.[13] Licinius hatte in Adrianopel Stellung bezogen, und dort unterlag er am 3. Juli 324 der Streitmacht Konstantins, konnte aber nach Byzanz entkommen. Da es dessen Ältestem, Crispus, jedoch gelang (nach Aussage der Quellen mit Hilfe willkommener Stürme), die licinianische Flotte zu vernichten, konnte Konstantin Byzanz einnehmen und rang Licinius, der immer noch nicht zum Aufgeben bereit war und Restkontingente zu einem neuen Verteidigungsheer zusammenstellte, am 18. September 324 bei Chrysopolis (jenseits des Bosporus) endgültig nieder. Zwar blieb Licinius, der schließlich über seine Gattin Constantia mit Konstantin in enger verwandtschaftlicher Verbindung stand, zunächst am Leben, doch schon im Frühjahr 325 ließ Konstantin ihn umbringen, und seinen kleinen Sohn, den Caesar Licinianus Licinius, ereilte dasselbe Schicksal.

Hatte der Herbst 312 Konstantin zum Christen und Herrscher über den Westen werden lassen, so avancierte er im Herbst 325 schon nach zeitgenössischer Auffassung zum christlichen Weltgebieter:

«Und nicht mehr gab es irgendeine Erinnerung an die früheren Übel, denn überall feierten alle den Sieger und gestanden, daß sie nur seinen Retter als Gott anerkennen wollten. Konstantin aber, der durch die vollkommene Tugend der Gottesfurcht ausgezeichnete Kaiser, der Siegreiche (denn diesen Beinamen hatte er für sich als den am besten passenden angenommen wegen des ihm von Gott über alle Gegner und

Feinde geschenkten Sieges), er übernahm wieder den Osten und brachte das römische Reich ganz und ungeteilt, wie es früher gewesen war, unter seine Kontrolle, um sofort allen die Botschaft von der Alleinherrschaft Gottes zu bringen und um durch die Einzelherrschaft selbst das gesamte irdische Leben unter römische Herrschaft zu stellen.»[14]

Monarchisierung und Christianisierung erscheinen in der eusebianischen Darstellung als unauflösliche Einheit, als zwei Seiten ein und derselben Medaille, was geradezu wörtlich zu nehmen ist, denn Konstantin selbst vertrat in seiner Münzprägung eine identische Deutung der Geschehnisse und seiner eigenen Rolle. Auf einer berühmten Bronzeprägung des Jahres 327/28, mit dem Motto «Spes Publica» («öffentliche Hoffnung»), sieht man nämlich das mit dem Christogramm ☧ geschmückte Labarum, die Kaiserstandarte, die eine sich am Boden windende Schlange (als Symbol der christenfeindlichen Gegner) durchbohrt (S. 58, Abb. 5).[15]

Wenn in der Kirchengeschichte des Eusebius, geradezu dem Münzbild entsprechend, zu lesen ist, daß «Licinius niedergeschmettert am Boden lag»,[16] so wird die Konvergenz von christlich-bischöflicher und kaiserlicher (Selbst-)Deutung unmittelbar klar. Wie der Sieg über Maxentius 312 die Etablierung des Christentums in Staat und Gesellschaft ermöglichte, so markierte der Sieg über Licinius 324 den endgültigen, irreversiblen Triumph des Christentums.

Der Kaiser als Christ: Der Donatismus

Konstantin triumphierte ‹im Zeichen des Kreuzes› im Jahre 324 über Licinius; als Christ hatte er bereits seit 312/13 vor allem im innerchristlichen Rahmen agiert und dabei die bittere Erfahrung machen müssen, daß trotz seiner Hingabe an den *summus deus,* an den höchsten Gott, dieser nicht nur keinen irdischen Frieden, sondern nicht einmal

Einigkeit innerhalb der ihn verehrenden Christengemeinden zu gewähren imstande oder gewillt war. Denn unmittelbar nach dem Sieg vor der Milvischen Brücke, das heißt seit November/Dezember 312, befand sich Konstantin nicht nur als Adressat von Anfragen und Bitten, sondern auch als Akteur und in innerkirchliche Angelegenheiten eingreifender Organisator von innerkirchlichen Zusammenkünften mitten im Dickicht theologischer Streitigkeiten und ihrer säkularen Auswirkungen.

Mit zwei von Eusebius bewahrten, Ende 312 oder Anfang 313 von Konstantin an den (wohl heidnischen) afrikanischen Proconsul Anullinus und an den karthagischen Bischof Caecilianus gesandten Schreiben[17] verfügen wir über zwei Dokumente, die Konstantin bereits als Anhänger «der heiligsten katholischen Gottesverehrung»[18] ausweisen, welche freilich durch Wahnsinnige bedroht sei, die «das Volk der heiligsten katholischen Kirche» zu Aufruhr und Abfall zu bringen suchten.[19]

Der dem Begriff des «Katholischen» – griechisch *katholikos* meint *das Ganze betreffend* – innewohnende Absolutheits- und Totalitätsanspruch, vor allem aber das Gebot der Glaubenseinheit und gemeindlichen Einheitlichkeit dürfte Konstantin klar vor Augen gestanden haben, und dies verleiht der Hinwendung des für *alle* Kulte und Religionen im römischen Reich letztendlich verantwortlichen Kaisers Konstantins zum Christentum seine Brisanz. Dessen Zusammenhalt litt allerdings unter dem unbedingten Willen von konservativen, doktrinären Gruppen, die Kirche von allen in Zeiten der Bedrängnis Abgefallenen *(lapsi)* freizuhalten, die es in der Zeit der massiven tetrarchischen Christenverfolgungen seit 303 – aber auch schon zuvor – natürlich in großer Zahl gegeben hatte. Denn dem massiven staatlichen Verfolgungsdruck und den drakonischen Strafandrohungen hatten selbstverständlich nicht alle Christen heldenhaft standgehalten. Die nun ausbrechenden innerchristlichen Auseinandersetzungen, auf die Konstantin brieflich anspielt, entbrannten im stark christianisierten Nordafrika, wo der prominente Bischofsstuhl der Metropole Karthago ins Zentrum der Konflikte geriet. Denn dieser Stuhl war im Jahre 311 vakant geworden, und trotz der Bemühungen der Konservativen um eine in ihrem Sinne unbestreitbar saubere Neubesetzung war mit dem Presbyter Caecilianus ein nicht über alle Zweifel erhabener Kandidat zum neuen Bischof gewählt worden. Die Empörung über diesen Vorgang schlug hohe Wellen, und so organisierten etliche der kompromißlosen Bischöfe eine Synode in Karthago, welche über Caecilianus den Bann verhängte und, nach einer kurzen Zwischenlösung, Donatus zum karthagischen Bischof erhob, nach welchem die kompromißlosen Verfechter christlicher Reinheit als Donatisten bezeichnet werden.

Von diesen Vorgängen war Konstantin direkt betroffen, denn er hatte bereits Ende 312/Anfang 313 schriftlich an Anullinus verfügt, in Verfolgungszeiten konfiszierten «Besitz der katholischen Kirche»[20] den Christen zu restituieren, weitere Zuwendungen nur den «Dienern des rechtmäßigen und heiligsten katholischen Kultes» zuzuleiten[21] und Immunitäten an Kleriker «der katholischen Kirche, der Caecilianus vorsteht»,[22] zu vergeben. Es lag daher für die Donatisten nahe, den Kaiser davon zu überzeugen zu suchen, daß allein sie und ihr Bischof die wahre Kirche und daher auch die legitimen Adressaten der genannten kaiserlichen Maßnahmen wären.[23] Die (übrigens weit über die Antike hinausreichenden) historischen Konsequenzen dieses Konfliktes sind gar nicht zu überschätzen, denn sie führten zur Bildung einer episkopalen (bischöflichen) Gerichtsinstanz in Form einer Synode, die von dem seitens Konstantins mit der Klärung der Angelegenheit betrauten Bischof von Rom, Miltiades, im Herbst 313 in Rom geleitet wurde.[24] Diese «zum ersten Male in der Geschichte praktizierte, der kaiserlichen Synodalgewalt entsprungene Form staatlich-kirchlich-‹reichskirchlicher› Gerichtsbarkeit» ist mit gewissem Recht als die erste «Reichssynode» der Geschichte bezeichnet worden,[25] auch wenn faktisch nur ein sehr kleiner Teil der reichsweit schon amtierenden Bischöfe in Rom zugegen war.[26] Deren Urteil stützte Caecilianus und provozierte folgerichtig weitere Proteste seitens der Donatisten, die Konstantin ebenso folgerichtig dazu bewogen, den einmal eingeschlagenen Weg konsequent fortzusetzen und erneut eine Bischofsversammlung mit der Angelegenheit zu beschäftigen, zugleich aber nun für eine größere Repräsentanz der Bischöfe Sorge zu tragen. So kam es zu dem zweiten «Reichskonzil», welches im August 314 im südgallischen Arles zusammentrat.[27]

Die in diesem Kontext entstandene Korrespondenz wirft erneut erhellendes Licht auf Konstantins innere Haltung und auf seine politischen Überlegungen.[28] Er spricht die in Arles zusammengekommenen katholischen Bischöfe als seine «liebsten Brüder» an, die wie er sich mit der Situation der Menschheit überhaupt (der *humana condicio*) zu befassen hätten, denn: «*Die ewige und heilige, unbegreifliche Güte unseres Gottes* (aeterna et religiosa incomprehensibilis pietas dei nostri) *erlaubt nicht, daß das Menschengeschlecht längere Zeit im Dunkel irrt und läßt nicht den bösen Willen mancher so sehr obsiegen, daß sie nicht durch ihr hell leuchtendes Licht den heilsamen Weg kundtäte und verliehe, sich zur Regel der Gerechtigkeit zu bekehren.*»[29] Und wenn Konstantin anschließend darauf hinweist, daß ihm selbst diese Einsicht einst verschlossen geblieben war, nun aber «der allmächtige Gott, der im Himmel sitzt, verlieh, was ich nicht verdiente», so verfügen wir damit über einen weiteren deutlichen und expliziten Beleg für die Existenz einer tatsächlichen, auch persönlichen konstantinischen Wende und überdies für den allumfassenden Geltungs- und Heilsanspruch, den der Kaiser der christlichen Kirche und dem christlichen Gott einzuräumen sich aufgerufen fühlte.

Das innerchristliche Zerwürfnis besaß eine profane, hochpolitische Komponente, und zwar in Form des fortbestehenden Aufbegehrens der Donatisten gegen einen ergangenen Rechtsspruch, was gleichbedeutend war mit einer aus der

Sicht des Kaisers nicht hinnehmbaren Gefährdung des Gemeinwohls und einer inakzeptablen Renitenz gegen die kaiserliche Autorität. Konstantin erläutert dies in seinem Schreiben an den *vicarius Africae* Ablabius, also einen hohen Reichsbeamten, der unterhalb des Prätorianerpräfekten für die Diözese Afrika (die zu dieser Zeit noch nichts mit der späteren kirchlichen Diözesanverfassung zu tun hat) zuständig war:[30] «*Da ich mir sicher bin, daß auch du ein Verehrer des höchsten Gottes* (dei summi cultor) *bist, sage ich dir ganz offen, daß ich es als keinesfalls für vereinbar mit dem für die Beziehung zwischen Menschheit und Gottheit geltenden Recht* (fas) *ansehe, daß solche Streitigkeiten und Zwistigkeiten von uns ignoriert werden, aufgrund deren die höchste Gottheit* (summa divinitas) *sich womöglich nicht allein gegen das Menschengeschlecht wenden könnte, sondern auch gegen mich persönlich, dessen Fürsorge sie durch ihren himmlischen Befehl alles Irdische zur Lenkung anvertraut hat.*» Daß Konstantins innere Überzeugung, seine religions- und kirchenpolitische Rationalität und sein herrscherliches Ethos dabei ein harmonisches Ganzes bilden, geht deutlich aus seinem Schreiben an die in Arles versammelten Synodalen hervor.[31] Von ihm selbst, so Konstantin, werde in dem Streit ein Urteil erhofft, von ihm, der er selbst doch Christi Urteil erwarte, und er versichert, man müsse die Entscheidung der Kirchenmänner so ansehen, als sei sie von Gott selbst gefällt worden – «Konstantin nimmt also ... die kirchliche Konzilsidee auf.»[32] Die Bischöfe nämlich, so fährt der Kaiser fort, würden gewiß nichts anderes feststellen und als Urteil formulieren, als was sie einst selbst gelernt hätten *magisterio Christi,* also nach der Unterweisung durch Christus selbst.

Die Donatisten zeigten sich freilich auch von derart massiven Überzeugungsstrategien unbeeindruckt, und so mußte sich der Kaiser auch in den Folgejahren immer wieder mit ihnen befassen, was er mit zunehmendem Unwillen angesichts ausbleibender Erfolge tat. Im Jahre 321 schließlich stellte Konstantin resigniert weitere Befriedungs- und Regelungsversuche ein, da «jene Kraft des Verbrechens» nicht habe bezwungen werden können, «die in die Gemüter einiger weniger eingedrungen» sei. Der Kaiser verzichtet nun auf weitere Repressionen, nicht ohne Verwünschungen gegenüber den Donatisten auszustoßen, die er Gott als dem Rächer preisgibt. Nur von Gott selbst sei nämlich noch Heilung zu erhoffen, aber die himmlische Medizin *(caelestis medicina)* wirke nicht sofort, sondern bedürfe einer gewissen Wirkungszeit.[33]

Dieses Verhalten Konstantins mochte zum einen in der Tat in dem von ihm angeprangerten, ungebrochenen Widerstand der Donatisten begründet liegen, resultierte aber wohl auch aus der Zuspitzung der gesamten politischen Situation, die auf die bereits geschilderten Auseinandersetzungen mit Licinius hinauslief und Konstantins kirchenpolitisches Engagement beeinträchtigt haben mag. Überdies eskalierte in den frühen 320er Jahren ein weiterer innerkirchlicher Konflikt, der zwar ebenfalls seine Wurzeln in theologischen Kontroversen besaß, aber gleichermaßen wie der Donatistenstreit Unruhen und politische Verwerfungen nach sich zog. Die Rede ist von dem (später noch eingehender zu behandelnden) arianischen Streit, der schließlich zur Einberufung des Konzils von Nicäa im Jahre 325 führte, welches als das erste sogenannte ökumenische Konzil in die Geschichte eingehen sollte.

In diesem weiteren religionspolitischen und historischen Kontext mag Konstantins resignative Haltung zu den Donatisten im Jahre 321 plausibel zu erklären sein. Sie ist weder Ausdruck eines völligen Scheiterns des Kaisers[34] noch Zeichen seines mangelnden Interesses für die innerchristlichen Angelegenheiten.[35] Vielmehr lassen gerade die im Zuge des Donatistenstreites entstandenen Dokumente deutlich erkennen, daß und wie sehr Konstantin sich als Christ verstand. Ob und inwiefern dies ebenfalls der gesetzgeberischen Tätigkeit Konstantins zwischen 312 und 324 sowie seiner Kirchenbaupolitik dieser Jahre entnommen werden kann, soll im folgenden Abschnitt dargestellt werden.

Der Kaiser, der Staat und die Kirche: Konstantins Gesetzgebung und Kirchenbaupolitik

Vorauszuschicken ist mit Blick auf die konstantinische Gesetzgebung zunächst die einschränkende Bemerkung, daß wir uns nur ein sehr unvollständiges Bild von der legislativen Praxis des Kaisers machen können. Das liegt nicht zuletzt in den Vorgaben begründet, welche den Kompilatoren des im Jahre 438 publizierten Codex Theodosianus, in welchem die konstantinischen Rechtsanordnungen enthalten sind, aufgegeben waren.[36] Denn diese Experten sollten sich laut kaiserlicher Anordnung nur auf den Kern der Erlasse beschränken und ‹Überflüssiges› weglassen, so daß die im Codex enthaltenen Texte der ursprünglich vorhandenen kaiserlichen Begründungen und erläuternden Situationsbeschreibungen, die für die Beurteilung von Konstantins Motiven und persönlicher Haltung natürlich von herausragendem Interesse wären, leider weitgehend entbehren. Dies ist um so bedauerlicher, als von Konstantin gerade nicht die privaten Reskripte, sondern vor allem die *leges generales* überliefert sind,[37] also die Konstitutionen von allgemeiner Bedeutung, welche dem Kaiser die Gelegenheit zu Betrachtungen und Aussagen grundsätzlicher Natur geboten haben werden. Ferner ist in Rechnung zu stellen, daß zumindest nominell beide Augusti, Konstantin und Licinius, gemeinsam für die Gesetzgebung zuständig waren, also wenigstens in Einzelfällen mit gewisser gegenseitiger Rücksichtnahme und Kompromissen zu rechnen ist,[38] die Verlautbarungen also nicht ohne weiteres als authentische konstantinische Äußerungen und Positionsbeschreibungen zu begreifen sind.[39] Und schließlich verzeichnen spätantike Kirchenhistoriker, allen voran Eusebius, diverse Maßnahmen Konstantins und zitieren sogar seine Rechtsurkunden im (vermeintlichen) Wortlaut, deren Historizität im Einzelfall zumindest diskutabel ist, zumal sie nicht in den erwähnten spätantiken Gesetzessammlungen enthalten sind.[40]

Doch nun zu den Texten selbst: Bereits unmittelbar nach der konstantinischen Wende im Herbst 312 macht sich Konstantin daran, deren praktische Konsequenzen umzusetzen. Von besonderer Bedeutung ist dabei seine Gesetzgebung bezüglich der steuerlichen Belastung christlicher Kleriker. Wohl Ende 312 oder eher noch Anfang 313 schrieb er an den afrikanischen Proconsul Anullinus:[41] «*Darum wollen wir Personen, die in Eurer Provinz der katholischen Kirche ... dienen und die man Kleriker nennt, von allen öffentlich-rechtlichen Dienstleistungen freigestellt haben, damit sie nicht durch etwaigen Irrtum oder lästerlichen Eingriff von dem der höchsten Gottheit geschuldeten Dienst abgehalten werden.*»[42] Bestätigt wird diese bei Eusebius zitierte Anordnung durch die im *Codex Theodosianus* (im weiteren CTh) enthaltene Order 16,2,1 vom Oktober 313, in welcher bekräftigt wird, daß die katholischen Kleriker von der Last, als Steuereinnehmer zu fungieren und für die Mitgliedschaft in den Stadträten nominiert zu werden, grundsätzlich frei sein sollen. Diese Bestimmung geht entgegen der landläufigen Meinung über eine Gleichstellung der christlichen Kleriker mit den Priestern paganer Kulte hinaus,[43] denn letztere blieben trotz gewisser Erleichterungen in der Zeit ihrer priesterlichen Tätigkeit prinzipiell – soweit sie kurienpflichtige Personen waren – Mitglieder in den Stadträten. Hier liegt also eine bemerkenswert früh erfolgte Privilegierung der katholischen Kleriker gegenüber den herkömmlichen Kultträgern vor.

Ist dieses Gesetz auch ein explizites und unbezweifelbares Beispiel dezidiert prochristlicher Gesetzgebung Konstantins, so gilt das freilich insgesamt nur für einen sehr geringen Teil der auf ihn zurückzuführenden Anordnungen der Jahre 312 bis 324. Zwar ist immer wieder von modernen Gelehrten der Versuch unternommen worden, etwa in konstantinischen Strafandrohungsklauseln christliche Orientierungspunkte oder sogar eine Art christlicher Grundhaltung zu ermitteln, aber letztendlich bleiben die dabei erzielten Resultate, abgesehen von wenigen Ausnahmen, unbefriedigend und unverbindlich. Eine von diesen hier zu nennenden Ausnahmen bietet immerhin ein konstantinischer Erlaß aus dem Jahr 316.[44] Die zum (meist den Tod bringenden) Auftritt im Amphitheater oder zur – kaum erfreulicheren – Bergwerksarbeit Verurteilten sollen nach kaiserlichem Willen künftig nicht mehr im Gesicht, sondern an Händen und Waden durch ein Brandmal gekennzeichnet werden, denn es dürfe nicht das nach dem Ebenbild himmlischer Schönheit gestaltete Antlitz geschändet werden *(facies, quae ad similitudinem pulchritudinis caelestis est figurata, minime maculetur)*.[45] Hier liegt zweifelsohne ein genuin christlich motiviertes Gebot vor, welches in diesem Fall vom christlichen Schöpfungsgedanken geprägt ist, und prinzipiell Ähnliches dürfte für die von Konstantin verfügte Abschaffung der Kreuzesstrafe gelten, in diesem Fall wohl unter dem Einfluß der Bedeutung des christlichen Kreuzes.[46]

Ein zweiter, ebenfalls als unverkennbar prochristlich zu bezeichnender konstantinischer Rechtsakt betrifft die sogenannte *manumissio in ecclesia,* das heißt die Freilassung von Sklaven durch christliche Kleriker vor der christlichen Gemeinde, mithin einen eigentlich den staatlichen Hoheitsträgern vorbehaltenen Rechtsakt.[47] Konstantin hat nach unserer Kenntnis drei Verlautbarungen zu diesem Thema formuliert beziehungsweise in seiner Kanzlei formulieren lassen, von denen zwei erhalten sind: ein an den Bischof von Serdica gerichtetes Schreiben aus dem Jahr 316 (*Codex Iustinianus* – im weiteren CJ – 1,13,1) sowie ein an einen seiner wichtigsten Vertrauten und Ratgeber, den Bischof Ossius von Cordoba, gerichteter Erlaß aus dem Jahr 321.[48] Besonders das letztgenannte Dokument, eine möglicherweise direkt von Ossius angeforderte kaiserliche Anordnung, weist in Stil und Gehalt einen unverkennbar christlichen Tenor auf, denn die Freilassung von Sklaven durch christliche Kleriker wird auf die gottesfürchtige Gesinnung der Freilasser zurückgeführt und deutlich als «Frömmigkeitsübung» qualifiziert.[49] Ob dies auch für Konstantins berühmten Sonntagserlaß gilt,[50] ist freilich weniger klar, als es auf den ersten Blick der Fall zu sein scheint.

Am 3. Juli 321 verordnete Konstantin, daß am «verehrungswürdigen Sonntag» *(venerabili die solis)* alle gewerblichen Verrichtungen ruhen und auch richterliche Tätigkeiten unterbleiben sollten. Gestattet blieb nur die Freilassung von Sklaven und die bäuerliche Arbeit auf den Feldern.[51] Während eine Reihe von Gelehrten hierin einen gewollten und manifesten Beweis für das in aller Öffentlichkeit und Klarheit demonstrierte Christentum des Kaisers Konstantin sieht,[52] insistieren andere ebenso nachdrücklich auf der Ansicht, daß schon die mehr neutral gehaltene Terminologie eher einen Bezug zum Sonnengott Sol als zum Christengott erkennen lasse,[53] ja, in der «Vieldeutigkeit und Offenheit der Formulierung» läge geradezu «das Geniale dieser Maßnahme», da jede religiöse Festlegung und damit auch die eventuelle Brüskierung bestimmter Gruppen bewußt vermieden werde.[54] Für die in der Tat eher implizite, indirekte christliche Tendenz des Sonntagsruhegebotes sprechen sogar die erläuternden Ausführungen in Eusebs *Vita Constantini* (IV 18–20), die erkennen lassen, daß Konstantin bei diesem delikaten Anliegen vor allem auf Hof und Heer zu achten hatte. Den noch mehrheitlich nichtchristlichen Soldaten soll nämlich ein monotheistisches Sonntagsgebet, welches Eusebius im Wortlaut zitiert, die Möglichkeit geboten haben, eine offenbar konfliktträchtige Festlegung auf den Christengott zu vermeiden. Das von Eusebius mitgeteilte Gebet lautet:

«*Dich allein kennen wir als Gott, Dich erkennen wir als König an, Dich flehen wir an als Helfer, von Dir haben wir die Siege erhalten, durch Dich haben wir uns als Stärkere durchgesetzt gegen die Feinde. Dir sagen wir Dank für die schon erhaltenen Wohltaten, auf Dich hoffen wir als Bringer der künftigen. An Dich wenden wir uns mit flehentlichen Bitten für unseren Kaiser Konstantin und seine gott-*

geliebten Söhne; daß er uns möglichst lange sicher und siegreich erhalten bleibe, darum bitten wir!»[55]

Dieser laut Eusebius von Konstantin höchstpersönlich komponierte Gebetstext spricht für die politische Sensibilität des Kaisers, der um die Brisanz seiner religiösen Wende wußte und die wichtigste Stütze seiner Herrschaft, die Loyalität der Soldaten, nicht gefährden wollte. Es ist daher nicht statthaft, das konstantinische Sonntagsgesetz und den zitierten Gebetstext als Indizien für eine noch nicht erfolgte religionspolitische Wende Konstantins zu interpretieren,[56] zumal andere, sogar frühere Erlasse des Kaisers, wie wir sahen, keinen Zweifel an dem christlichen Bekenntnis Konstantins und seinem unbedingten Willen, der christlichen Kirche eine deutliche Sonderstellung einzuräumen, erlauben.

Dies gilt schließlich auch für den letzten hier anzuführenden Rechtstatbestand, welcher die sogenannte *episcopalis audientia* betrifft, also die bischöfliche Gerichtsbarkeit in Zivilsachen, welche mit Erlaß vom Jahr 318 als vollgültig und definitiv, das heißt als letztinstanzlich qualifiziert wird.[57] Leider kennen wir nicht die gewiß seinerzeit von Konstantin mitgelieferte Begründung für dieses demonstrative kaiserliche Bekenntnis zu einer bischöflichen Sonderstellung, die wohl den eingangs dieses Kapitels erwähnten kaiserlichen Bestimmungen aus dem 5. Jahrhundert für die Redaktion des Codex Theodosianus zum Opfer gefallen sein dürfte. Dennoch wird man kaum in der Annahme fehlgehen, dieses Gesetz weniger als gegen korrupte staatliche Richter gerichtet zu verstehen,[58] sondern eher als Teil einer gezielt prochristlichen Strategie, welche die personen- und körperschaftsrechtliche Stellung von Klerikern und Kirche insgesamt auf ein neues Niveau zu heben suchte. Insbesondere das im Jahr 321 der christlichen Kirche konzedierte kaiserliche Vorrecht, Erbschaften entgegenzunehmen,[59] ermöglichte den Aufbau eines kirchlichen Vermögens, welches nicht nur zu karitativen Zwecken einzusetzen war. Direkte kaiserliche Zuwendungen in Form von

Geldspenden und Getreidelieferungen verbesserten darüber hinaus nicht nur den ökonomischen und politischen Spielraum vor allem der Bischöfe in entschiedener Weise, sondern dokumentierten die Absicht des Kaisers, vor aller Welt als Förderer des *sanctissimum catholicae venerabile concilium,* der heiligsten und verehrungswürdigen Gemeinde der katholischen Kirche, wahrgenommen zu werden.[60]

Ihren sichtbarsten und zugleich monumentalsten Ausdruck fand diese konstantinische Haltung schließlich in den kaiserlichen Kirchenbauten, die hier nur knapp und unter Beschränkung auf wenige, mit einiger Zuversicht in die Zeit vor 324 datierbare stadtrömische Beispiele vorgestellt werden können.[61] Zunächst muß daran erinnert werden, daß Maxentius ein umfangreiches, programmatisch auf das Zentrum Roms konzentriertes Bauprogramm ins Werk gesetzt hatte, als dessen eindrucksvollstes Element die gewaltige Maxentius-Basilika am Forum Romanum zu gelten hat:

Abb. 9: Maxentius-Basilika (Rom)

Nach dem Triumph Konstantins über Maxentius hätte es – nach dem Vorbild früherer Zeiten – niemanden überraschen können, wenn der Sieger gezielt die Baumaßnahmen seines unterlegenen Vorgängers durch eigene, ebenfalls in Kernzonen Roms konzentrierte Projekte hätte übertreffen wollen. Doch gerade dies hat Konstantin bemerkenswerterweise unterlassen und sich statt dessen als Stifter christlicher Kultbauten hervorgetan, die an der Peripherie Roms beziehungsweise jenseits der römischen Stadtmauern lagen.

Der früheste, bereits 313 von Konstantin veranlaßte monumentale Bau der Lateranskirche, der stadtrömischen Bischofskirche (als welche sie noch heute fungiert), wurde, da am Stadtrand gelegen, denn auch wiederholt zur Untermauerung der häufig geäußerten These herangezogen, Konstantin habe aus politischem Kalkül bewußt darauf verzichtet, durch christliche Kirchenbauten im Zentrum Roms die pagane Bevölkerungsmehrheit, insbesondere den Senat, zu provozieren. Diese Auffassung läßt sich jedoch nicht halten, vielmehr erklärt sich die Ortswahl für den Bau des Laterans schlüssig aus der Tatsache, daß der Kaiser dort über ausgedehnten Grundbesitz verfügte, den er für die Kirche ohne weiteres direkt bereitstellen konnte.[62] Da überdies in diesem Stadtbezirk seit dem 3. Jahrhundert n. Chr. eine ganze Reihe kaiserlicher Villen und Palastanlagen entstanden war, kann man sogar von einer geradezu exponierten Lage der neuen Kirche sprechen, die mit ca. 100 m Seitenlänge und über 50 m Breite einen gewaltigen christlichen Versammlungsraum bildete, welcher in der Tradition der römischen Basilika stand.

Ebenfalls noch in die frühere Zeit der konstantinischen Herrschaft gehört die an der Via Labicana gelegene Basilika der Heiligen Petrus und Marcellinus,[63] die laut Schriftquellen und gemäß den dort gemachten Münzfunden um 320 errichtet worden sein dürfte. Auch diese Kirche entstand auf kaiserlichem Grund, neben einer christlichen Katakombe, und sie bildet mit 65 m Länge und 29 m Breite einen der ältesten Ver-

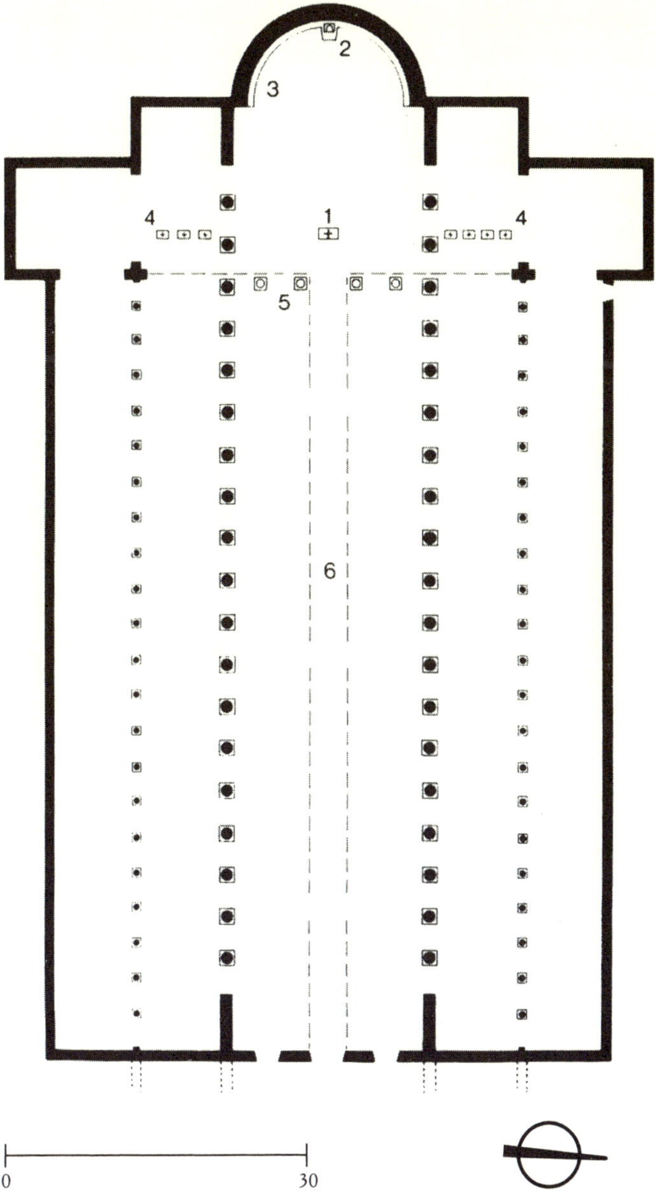

Abb. 10: Lateransbasilika (Rom): Grundriß nach H. Brandenburg

treter eines neuen Bautyps, einer christlichen Umgangsbasilika, in welcher auf der westlichen Seite das Seitenschiff um das Mittelschiff herum angelegt wurde.

Dieser Bau, der mit einem (ursprünglich vielleicht für den Kaiser Konstantin selbst vorgesehenen) Rundmausoleum verbunden war, in dem 328 die Konstantin-Mutter Helena bestattet worden sein soll,[64] weist eine programmatische Nähe von christlicher Memoria und dynastischem Gedankengut auf und unterstreicht erneut das vor aller Augen eindrucksvolle und unmißverständlich propagierte Bekenntnis des Kaisers Konstantin zum Christentum und zur christlichen Kirche, wie es ebenfalls wenige Jahre später in der konstantinischen Peterskirche zum Ausdruck kommt. Wenn er auf der anderen

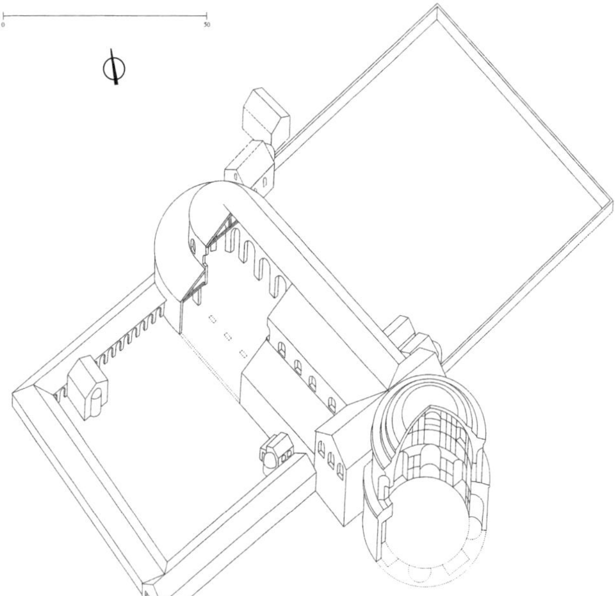

Abb. 11: SS. Marcellino e Pietro (Rom): Rekonstruktion der Basilika mit Gräberbezirk und Helenamausoleum nach H. Brandenburg

Seite die traditionellen heidnischen Kulte nicht nur nicht radikal verfolgte, sondern in ihrem Grundbestand sogar – wenigstens teilweise – zu bewahren suchte, so erklärt sich das nicht zum geringsten aus der Tatsache, daß er als Kaiser und als *pontifex maximus,* also als oberster Kultbeamter der Römer, gesamtstaatliche Aufgaben zu erfüllen und das Reichsganze im Auge zu behalten hatte.

Pontifex maximus: *Der Kaiser und das Heidentum*

Zunächst gilt es, neben dem eben erfolgten Hinweis auf Konstantins gesamtstaatliche Verantwortung, erneut darauf aufmerksam zu machen, daß nicht unreflektiert und anachronistisch von einer übermäßig scharfen Frontstellung zwischen Christentum und Heidentum ausgegangen werden darf.[65] Konstantin war in einer Zeit aufgewachsen, die noch von der Pluralität jahrhundertealter, weniger konkurrierender als vielmehr koexistierender Kulte, Kultpraktiken und religiöser Anschauungen geprägt war. Er stand überdies als Kaiser in einer langen Tradition politischen Agierens und öffentlichen Darstellens, die auf Integration, Befriedung und Konsensstiftung ausgerichtet war, nicht aber auf Polarisierung und Desintegration, auf religiösen Dissens und Ausgrenzung. Mag er auch eine henotheistische Disposition besessen und mag er dann auch im Herbst des Jahres 312 die persönliche Wende zum Christentum vollzogen haben (wofür alles spricht), so folgt daraus noch lange nicht eine geradezu unumgängliche radikale oder gar militante Ablehnung all dessen, was seit jeher zum kanonischen Bestand gesellschaftlichen Handelns und zum Grundvorrat römischer Mentalität gehörte. Da Konstantin überdies anscheinend kein religiöser Fanatiker gewesen ist und sich bei vielen Gelegenheiten als ein politisch zweckrational und reflektiert agierender Kaiser erwies, kann es nicht verwundern, daß seit 312 keine von dem nun christlichen Kaiser initiierte, scharfe Heidenverfolgung stattgefunden hat.

Erst unlängst hat man Konstantins religionspolitische Haltung zwischen 312 und 324 daher eher als Politik der Toleranz, gepaart mit gezielter Privilegierung der Christen, zu charakterisieren gesucht.[66] Gegen die Verwendbarkeit dieses Toleranz-Begriffes ließe sich wiederum einwenden, daß «ein Pluralismus unter dem Vorzeichen des christlichen Wahrheits- und Absolutheitsanspruches» schon per definitionem gar nicht denkbar sei.[67] Der entscheidende, freilich wieder einmal wohl nicht endgültig zu klärende Punkt betrifft dabei allerdings die Person des Kaisers Konstantin selbst. Denn es darf eben nicht einfach unterstellt werden, daß ihm als relativ spät zum Christentum gelangten theologischen Laien sämtliche Ausprägungen und Konsequenzen der christlichen Lehre deutlich vor Augen gestanden haben. Und überdies ist selbstverständlich stets mit der Möglichkeit zu rechnen, daß er die aus christlicher Sicht eigentlich bestehende Unmöglichkeit einer Koexistenz von christlichen und anderen Kulten als *pontifex maximus* und als Kaiser, das heißt als Oberhaupt und Patron aller Reichsbewohner, nicht akzeptiert oder wenigstens nicht konsequent umgesetzt hat, ja, dies aus einsichtigen Gründen der inneren Sicherheit und Regierbarkeit gar nicht hätte konsequent praktizieren können. Warum schließlich sollte Konstantin – analog zu Gegebenheiten und Phänomenen heutiger Zeiten – ein ‹Christentum light› nicht möglich gewesen sein? Denn ein Blick auf die weitere Entwicklung im 4. Jahrhundert lehrt, daß gerade gebildete Heiden und Christen, die ein gemeinsamer kultureller Hintergrund verband, keineswegs unversöhnliche Gegner sein mußten. So konnte etwa in den 360/370er Jahren der heidnische Rhetor Themistios als Hofredner unter den christlichen Kaisern hohes Ansehen erlangen.[68] Umgekehrt gibt es etliche Belege nicht nur aus dem 4. Jahrhundert, sondern auch noch aus der späteren Zeit, als sich das Christentum längst als Staatsreligion durchgesetzt hatte, für die Teilnahme von Christen an heidnischen Ritualen und Kultfeiern.[69] Mit Blick auf Konstantin ist also unbedingt vor der Annahme einer allzu rigiden Abgrenzung von Christentum und Heidentum zu warnen, doch eine Annäherung an all diese schwierigen Fragen ist erneut nur durch die sorgfältige Betrachtung der antiken Zeugnisse und Denkmäler möglich.

Bereits in den zwischen Konstantin und Licinius im Jahre 313 getroffenen Mailänder Verabredungen[70] trat klar und deutlich das Hauptziel vor Augen, öffentliche Ruhe und Frieden zu garantieren, und allein unter diesem Gesichtspunkt wird allen, Christen wie Nichtchristen, die freie Wahl der Religionsausübung und religiösen Orientierung zugestanden. Die Übereinkunft trägt alle Züge eines politischen Kompromisses, und man kann natürlich darüber spekulieren, ob sich ein streng monotheistisch-christlicher Konstantin vielleicht gegen den ganz anders orientierten Licinius politisch nicht habe durchsetzen können.[71] Aber es wäre ebensogut denkbar, daß hier der Politiker Konstantin sich gegen den Christen Konstantin durchgesetzt hat, er also bereits damals im Jahre 313 aus eigenen, politischen Einsichten und Erwägungen einen pragmatischen Umgang mit dem Christentum und den anderen Kulten an den Tag gelegt hat, der für sein sichtbares politisches Tun der weiteren Jahrzehnte seiner Herrschaft kennzeichnend bleiben sollte.

Eine derartige Haltung scheint mir zunächst in Teilen seiner gesetzgeberischen Praxis deutlich erkennbar zu sein. Konstantin setzt nämlich keine dezidiert anti-pagane Rechtstätigkeit ins Werk, sondern agiert auffallend zurückhaltend, was auf den ersten Blick zu seinem Bekenntnis zum Christentum seit dem Herbst 312 in eigentümlichem Kontrast zu stehen scheint. Die politische Großwetterlage und Konstantins noch auf den weniger stark christianisierten westlichen Teil des Reiches beschränkte Herrschaft[72] mögen mit zu dieser Haltung beigetragen haben, möglicherweise aber auch die Einsicht Konstantins, daß jede kaiserliche Stellung und folglich auch die seinige primär von der Loyalität der Truppen abhing, und diese Truppen waren nach wie vor zweifellos mehrheitlich Anhänger der traditionellen Kulte. Signifikant ist in dieser Hinsicht ein im Codex Theodosianus enthaltenes Protokoll eines Zusammentreffens Konstantins mit einer Gruppe von Veteranen, das mutmaßlich in Gallien stattgefunden hat. Laut dem wahrscheinlich im Jahre 320 entstandenen Rechtstext huldigten die alten Haudegen ihrem Kaiser mit dem Anruf *Auguste Constantine, dei te nobis servent* – «Konstantin Augustus, die Götter mögen dich uns erhalten!» –, also mit einer unmißverständlich heidnischen Akklamationsformel.[73] Schon wegen der Erhaltung und Pflege der unentbehrlichen Ergebenheit des Heeres sowie der Loyalität der führenden politischen und sozialen Gruppen dürfte es Konstantin folglich sinnvoll erschienen sein, im öffentlichen Raum von Brüskierungen der polytheistischen Altgläubigen abzusehen.

Diese charakteristische Differenzierung zwischen öffentlichem und privatem Verhalten begegnet ebenfalls in den wenigen einschlägigen Gesetzen Konstantins[74] zur Haruspicin, der Opfer- beziehungsweise Eingeweideschau, die zu den ältesten römischen Sakralhandlungen zählt. Im Jahre 319 verbietet Konstantin jedem Eingeweideschauer *(haruspex)* das Betreten eines Privathauses, um dort seine Tätigkeit zu entfalten; die öffentliche Ausübung dieser Praktiken könne ja von all denen, die daran festhalten wollten, an den bekannten Altären und Tempeln weiter gepflegt werden.[75] Natürlich verfolgte Konstantin mit dieser Anordnung den Zweck, die öffentliche Kontrolle über derlei Dinge zu bewahren und die Ausbreitung oppositioneller Bewegungen im privaten Raum zu unterbinden, aber zugleich dürfte hier neben der sicherheitspolitischen auch eine religionspolitische Komponente von Bedeutung sein. Dabei mag auch die Unsicherheit Konstantins eine Rolle gespielt haben, ob denn wirklich alle religiösen Einrichtungen der Vorfahren kurzerhand und folgenlos über

Bord geworfen werden könnten und sollten. Denn in einem Erlaß vom Jahre 320 lesen wir, daß im Falle eines Blitzeinschlages in einen kaiserlichen Palast oder ein öffentliches Gebäude unbedingt gemäß herkömmlicher Art und Weise die Interpretation dieses Ereignisses durch die Eingeweideschauer eingeholt werden sollte, welche schriftlich zu formulieren («auf das sorgfältigste – *diligentissime* – aufzuschreiben») sei und umgehend an den Kaiser weitergeleitet werden solle.[76] Neben dem Inhalt überrascht auch der Duktus des Textes. Während die konstantinischen Rechtstexte es üblicherweise an Schroffheit und Drastik nicht fehlen lassen, bedient sich die Kanzlei hier einer bemerkenswert konzilianten Sprache und geißelt die Haruspicin nicht als blinden und frevlerischen Aberglauben, sondern bezeichnet sie als traditionelle Praxis, die in diesem Falle wiederaufzunehmen sei *(retento more veteris observantiae)*. Mir scheint, daß Konstantin sich hier weniger als heilssicherer Christ erweist, der «voller Verachtung»[77] den heidnischen Starrköpfen einen Restbestand paganen Tuns und Denkens hochmütig konzediert, sondern daß er eher eine moderate und pragmatische Position bezieht, welche die dem christlichen Bekenntnis prinzipiell abverlangte Unbedingtheit und Ausschließlichkeit wenigstens teilweise vermissen läßt.

Als Illustration einer derartigen Haltung, die sowohl im persönlichen Bereich wie auch (vielleicht primär) in der politischen Zweckrationalität begründet sein kann, könnte das schon erwähnte Silbermedaillon von Ticinum dienen (S. 18, Abb. 1), welches im Jahre 315 den durch das Christogramm an seinem Helm als Christ ausgewiesenen Kaiser Konstantin in einem traditionell-paganen Kontext mit der Siegesgöttin Victoria präsentiert. Sogar ohne jede christliche Komponente zeigt ein berühmtes Goldmultiplum von 313 den Kaiser: Zusammen mit dem Sonnengott Sol ist Konstantin in dezidiert paralleler Gestaltung im Doppelporträt auf der Vorderseite dargestellt. Überdies trägt er einen Schild mit charakteristischen Bildelementen. Zu erkennen ist der Sonnengott in seiner Quadriga, der eingerahmt wird von der Erdgöttin Tellus, dem Flußgott Okeanos sowie zwei Gestirnen.

Dieses Goldmedaillon reiht sich ein in eine beträchtliche Anzahl weiterer Sol-Prägungen Konstantins. Insbesondere bildet auch die ungleich stärker als die Goldmünzen verbreitete Aesprägung, die als Kleingeld in die Hand jedes Reichsbewohners gelangen konnte, prominent den Sonnengott ab,[78] und noch in den Jahren 320/21 wird in mehreren Münzstätten (Sirmium, Ticinum, Aquileia) eine umfangreiche Goldemission mit Sol ausgegeben, der als schützender Begleiter des

Abb. 12: Goldmultiplum mit Konstantin und Sol

Kaisers bezeichnet wird. Diese eindrucksvolle Evidenz hat, in Verbindung mit weiteren Text- und Bildquellen, noch jüngst die These provoziert, daß Konstantins Religionspolitik zwischen 312 und 324 «Signale sowohl für die Verehrung des Sonnengottes als auch für das Christentum» erkennen lasse, «doch lag der Schwerpunkt eindeutig bei ersterer».[79] Ist Konstantin also primär als Anhänger des Sonnengottes aufgetreten, mit einer gewissermaßen latenten, untergeordneten christlichen Variante? Der für diese Interpretation immer wieder bemühte Konstantinsbogen in Rom erweist sich, wie wir gesehen haben, nur als eine schwache Stütze. Zwar kommt genuin und explizit Christliches auf dem Monument tatsächlich nicht vor, auch ist der Sol Invictus in konventioneller Manier auf einer der Schmalseiten des Bogens abgebildet und könnte überdies ein Tondo mit einem Apollo-Opfer diesem solaren Kontext zugeordnet werden, aber die dominierende Gottheit auf dem Bogen ist doch eher die Siegesgöttin Victoria.[80]

Anders jedoch verhält es sich nicht nur, wie gesehen, mit der konstantinischen Münzprägung, die in der Tat zwischen 312 und 324 einen klaren und nicht kleinzuredenden Akzent auf der prominenten Rolle des Sonnengottes erkennen läßt. Während erneut darauf hinzuweisen ist, daß Christliches auf den konstantinischen Münzen fast vollständig fehlt, begegnet der Sonnengott Sol als Begleiter *(comes)* Konstantins in etlichen Variationen,[81] und zwar noch mindestens bis 325, vielleicht gar über das erste ökumenische Konzil von Nicäa hinaus![82] Und interessanterweise bestätigt der epigraphische Befund eindrucksvoll dieses numismatische Ergebnis.

Bis in den Spätherbst 324 hinein erhielt Konstantin nämlich als Ausweis seiner Sieghaftigkeit das Epitheton *invictus* auf Inschriften, das ihn folglich eng mit dem Sonnengott Sol Invictus assoziiert, erst danach, nach dem endgültigen Sieg über Licinius und der Errichtung einer tatsächlich allumfassenden Alleinherrschaft, löst sich Konstantin programmatisch ein Stück weit vom Sol-Kult und ersetzt in der Kaisertitulatur das

Attribut *invictus* konsequent durch *victor:* «Gegenüber *invictus* gleich ‹unbesiegbar, unbesiegt› kennzeichnet *victor* gewissermaßen den Endzustand, die bewiesene Unbesiegbarkeit.»[83]

Doch sogar bis in die 330er Jahre hinein, also weit über das Datum des Sieges gegen Licinius im Jahr 324 hinaus, besteht eine offenbar vom Kaiser Konstantin selbst nicht nur tolerierte, sondern favorisierte Nähe seiner Person zum Sonnengott,[84] den Konstantin möglicherweise gar nicht als paganen Widerpart des Christengottes begriffen hat, sondern vielleicht als engstens mit dem christlichen Gott verbundene göttliche Wirkkraft *(numen)*, ja, vielleicht gar als Emanation des christlichen *deus omnipotens,* des allmächtigen Christengottes. So erklärte es sich auch, wenn noch im Jahre 336 der christliche Biograph Eusebius die Herrschaft Konstantins, die dieser zusammen mit seinen Söhnen ausübe, mit derjenigen des Kosmokrators – Weltherrschers – Helios (griechisch für Sol) vergleicht. Konstantin, so Eusebius, habe die Caesares ins Joch gespannt wie der Sonnengott seine Pferde, und wie letzterer fahre Konstantin gewissermaßen mit dem Sonnenwagen durch den Kosmos, sei überall präsent und wache über alles.[85] Wenn die Sonne integraler Bestandteil der politischen Theologie des Christen Eusebius sein kann, dann kann sie selbstverständlich auch Teil der Herrschaftsideologie des christlichen Kaisers Konstantin sein.

Salus rei publicae: *Die Innenpolitik*

Zentraler Bestandteil des Selbstverständnisses und der Selbstdarstellung des römischen Kaisers war von jeher der Gedanke, daß der zum Nutzen des Staates geborene Herrscher *(bono rei publicae natus)*[86] das Gemeinwohl bewahre und seine Fortdauer garantiere. Dies gilt selbstverständlich auch noch für Konstantin, dessen bislang behandelte Religionspolitik und auf die christliche Kirche und die christlichen Kleriker bezogene Gesetzgebung, im Grunde genommen, nur Teilaspekte seiner Innenpolitik insgesamt darstellen. Zwar dominieren vor allem bei den christlichen Autoren der Spätantike und in der modernen Wissenschaft aus durchaus verständlichen Gründen die religiösen Fragen das Bild des ersten christlichen Kaisers, gleichwohl ergäbe sich eine unangemessene Schieflage, wenn darüber die anderen Elemente der ambitionierten und reformorientierten Innenpolitik Konstantins aus dem Blick gerieten.[87]

Trotz seines scharfen Bruches mit der theokratisch-heidnischen Programmatik und dem herrschaftssystematischen Konzept der diokletianischen Tetrarchie hat Konstantin als Innen- und Reformpolitiker dennoch in mancherlei Hinsicht tetrarchische Ansätze fortgeführt und weiterentwickelt. Dies betrifft zum Beispiel mit dem Militärwesen die wichtigste faktische Machtgrundlage des römischen Kaisers.[88]

Bereits Diokletian hatte auf diesem Feld einschneidende Strukturveränderungen vorgenommen und die Grundlagen gelegt für die Differenzierung in weniger mobile Grenztruppen und bewegliche Feldeinheiten. Überdies hatte er energische Anstrengungen unternommen, um die Befestigungsanlagen an den römischen Reichsgrenzen zu erneuern und zu stabilisieren. Auf beiden Feldern hat Konstantin diese Vorgaben aufgegriffen und fortentwickelt,[89] vor allem hat er die beweglichen Truppenteile gestärkt und mit einer neuen Kommandostruktur versehen, indem er die neugeschaffenen Heermeister *(magistri militum)* mit der militärischen Leitung betraute.[90] Als Konsequenz aus der Usurpation des Maxentius, der sich insbesondere auf die alten Elitetruppen, die in Rom stationierten Prätorianer, gestützt hatte, wurden diese Einheiten nach 312 von Konstantin abgeschafft und die Prätorianerpräfekten zu herausgehobenen zivilen Amtsträgern umfunktioniert. Deren Aufgaben bestanden fortan vor allem in der Sicherstellung der reichsweiten Steuererhebung und der Truppenversorgung, wobei sich die Zahl der Prätorianerpräfekten in der konstantinischen Zeit von zunächst zwei auf bis zu fünf erhöhte. Entgegen älterer Auffassungen war damit zur Zeit Konstantins noch keine Fixierung geographisch umrissener Kompetenzbereiche verbunden, diese Regionalisierung der Prätorianerpräfekturen setzt sich erst in der nachkonstantinischen Zeit durch.[91]

Eng verknüpft mit der Neuformierung der Prätorianerpräfekturen und erneut in direktem Anschluß an Diokletian, welcher die Zahl der Provinzen durch Teilung und Verkleinerung nahezu verdoppelt hatte,[92] erfolgte unter Konstantin – vielleicht bald nach 312 – die Einführung der Diözesanordnung und des Vikariats,[93] worunter zunächst nur eine von den Sachaufgaben her der Prätorianerpräfektur ähnelnde, stellvertretende und dezentralisierte Funktion innerhalb der zivilen Verwaltung zu verstehen ist. Erst im weiteren Verlauf des vierten Jahrhunderts etablierten sich die mehrere Provinzen umfassenden Diözesen als feste regionale und administrative Zwischeninstanzen zwischen Präfekturen und Provinzen und bildeten in dieser Form die Basis für die entsprechende kirchliche Binnenorganisation.[94]

Mit den bislang angesprochenen Maßnahmen trug Konstantin den Erfordernissen einer inneren Neuordnung des Reiches und einer effizienteren Verwaltungs- und Herrschaftspraxis vor dem Hintergrund der krisenhaften Entwicklungen des dritten Jahrhunderts n. Chr. Rechnung, und Entsprechendes gilt für seine Neustrukturierung der Zentral- und Hofverwaltung. Seit dem Jahr 320 belegt ist das künftig wichtigste Hofamt des *magister officiorum,* der mit einem großen Stab an untergeordneten Mitarbeitern nicht nur den gesamten diplomatischen Verkehr organisierte, sondern über die ihm unterstellten *agentes in rebus* auch Inspektions- und Kontrollaufgaben bis in die entlegensten Winkel des Reiches wahrzunehmen vermochte.

Natürlich zählte der *magister officiorum* zusammen mit anderen hohen Funktionsträgern zum neuen Staatsrat, dem *sacrum consistorium,* in dem sich eine Hofgesellschaft konzentrierte, die mit ihren Binnenregeln, Verhaltensnormen und Gunstabhängigkeiten und ihrer strukturellen Instabilität an die Verhältnisse an frühneuzeitlich-absolutistischen Herrscherhöfen erinnert.[95] Dazu gehört auch ein ausgefeiltes Hofzeremoniell, welches seit Diokletian um die fußfällige Verehrung des Kaisers *(adoratio)* und weitere zeremonielle Attribute erweitert worden ist.[96] Auch auf diesem Feld ist Konstantin in die Nachfolge der Tetrarchen eingetreten und hat deren Formen der monarchischen Repräsentation fortentwickelt und um einzelne Elemente bereichert, zum Beispiel um den wohl erst von ihm eingeführten kaiserlichen Thronsessel.[97]

Auf den Gebieten des Steuer- und Finanzwesens agierte Konstantin ebenfalls in den von Diokletian und seinen Kollegen vorgezeichneten Bahnen. Anders, als noch vor allem in der neueren italienischen Spätantike-Forschung behauptet,[98] ist nicht allein Konstantin der eigentliche Schöpfer des auf einer stabilen Goldmünze (dem Solidus) basierenden, bis weit in die byzantinische Zeit hinein funktionierenden Währungssystems gewesen, sondern schon Diokletian hat den Solidus kreiert, der dann allerdings erst von Konstantin zu 1/72 des römischen Pfundes geschlagen und, folglich um 4,55 g schwer, jahrhundertelang nahezu unverändert bei kaum nennenswerten Gewichtsabweichungen geprägt worden ist.[99] In antiken Quellen wird die reiche konstantinische Goldemission bisweilen damit erklärt, daß der Kaiser heidnische Tempel enteignet, deren Schätze geplündert und das eingenommene Gold ausgemünzt habe. So berichtet ein anonymer Autor im 4. oder frühen 5. Jahrhundert folgendes: «*Zu Zeiten Konstantins wies die verschwenderische Freigebigkeit Gold statt Bronze, welcher vorher großer Wert zugemessen wurde, den einfachen Geschäften zu; der Ursprung dieser Habgier liegt, so glaubt man, in folgendem begründet. Als nämlich Gold, Silber und eine große Menge wertvoller Edelsteine, die seit alten Zeiten in den Tempeln aufbewahrt wurden, in die Öffentlichkeit gelangt waren, entbrannte bei allen Leuten die*

Begierde, auszugeben und zu besitzen.»[100] Diese moralisierende, von manchen modernen Gelehrten bereitwillig aufgegriffene Interpretation hält einer kritischen Nachprüfung freilich nicht stand, denn für systematische Tempelkonfiskationen größeren Stils in konstantinischer Zeit fehlen tatsächlich gesicherte Hinweise.

Allerdings steht die ausweislich der erhaltenen Münzen und Hortfunde reiche konstantinische Goldprägung[101] gewiß im Zusammenhang mit einer Steuer- und Abgabenpolitik, die in besonderem Maße an der auf dem Wege der Steuererhebung erfolgten Einnahme von Gold interessiert war. Damit suchte Konstantin sich ebenfalls von dem krisenhaften 3. Jahrhundert, welches den zunehmenden Wertverfall von Silber- und Bronzemünzen erlebt hatte, abzusetzen. So hat er die elementare Handelssteuer von Bronze auf Gold und Silber umgestellt[102] und eine neue senatorische Sonderabgabe *(collatio glebalis)* eingeführt, die ebenfalls ausschließlich in den beiden Edelmetallen eingezogen wurde.

Abgesehen von derlei fiskalischen Neuerungen blieben die grundlegenden steuerpolitischen Weichenstellungen, die Diokletian getroffen hatte, auch unter Konstantin bestehen. Zukunftsträchtig waren insbesondere die tetrarchischen Innovationen bei der reichsweiten Veranlagung zur Grundsteuer, welche die jeweils den Steuerpflichtigen zur Verfügung stehenden Arbeitskräfte samt Viehbestand als auch die nach Produkten differenzierte Anbaufläche berücksichtigte und somit überdies die Beachtung regionaler Unterschiede ermöglichte. Rationalität, Erhebungsgerechtigkeit und Effizienz waren die Orientierungspunkte dieser Innovationen, wobei insbesondere die Herstellung von Steuergerechtigkeit hervorzuheben ist, denn nach den tetrarchischen Maßgaben sollte alle fünf Jahre eine neue Bemessung *(indictio)* der Steuerpflicht erfolgen, um somit die inzwischen eingetretenen Besitzveränderungen berücksichtigen zu können. Konstantin beließ es im wesentlichen bei all diesen diokletianischen Maßnahmen, veränderte aber den Indiktionszyklus. Nur noch alle fünfzehn Jahre sollte die steuerliche Neujustierung künftig vorgenommen werden, und noch im Mittelalter, als das spätantike Steuersystem längst nicht mehr praktiziert wurde, fungierte diese konstantinische Indiktionsregelung als Element der Datierung.

Aufs Ganze gesehen, bestätigen die innenpolitischen Maßnahmen Konstantins die bisherigen, auch aus seiner Religionspolitik gewonnenen Beobachtungen zu den Grundzügen seines politischen Verhaltens. Der Kaiser agierte pragmatisch, zweckrational, undogmatisch und zielorientiert, und dies scheint auch für seine Personalpolitik zu gelten, die offenkundig von religiösen Gesichtspunkten weitgehend unbeeinflußt geblieben ist. So ist die bisweilen geäußerte Auffassung, die Armee sei nach 312 eine christliche geworden, offensichtlich unzutreffend,[103] und auch die zivilen Amtsträger, von den höchsten Reichsbeamten bis hin zu den Provinzstatthaltern, wurden anscheinend nicht nach religiöser Couleur ausgesucht.[104] Zwangsbekehrungen zugunsten des Christentums hat es, soweit wir das beurteilen können, nicht gegeben. Konstantin wollte gewiß den christlichen Glauben und die christliche Kirche fördern, vor allem aber wollte er ein fest im Sattel sitzender, nach Möglichkeit allein die höchste Machtposition im Reiche bekleidender Kaiser sein, der nicht nur im Reichsinneren Stabilität und Wohlergehen zu garantieren vermochte, sondern auch nach außen das leisten wollte, was von jeher dem römischen Kaiser abverlangt wurde: zu siegen.

Constantinus Maximus Augustus: *Der siegreiche Kaiser*

Im Jahre 318 läßt der Provinzstatthalter der Provinz Mauretania Sitifensis (im heutigen Algerien) für Konstantin eine Inschrift setzen, die den folgenden Wortlaut trägt:[105]

«Für Kaiser Flavius Constantinus, den größten, gottesfürchtigen, glückbringenden, unbesiegbaren Augustus, den Oberpriester, den größten dreimaligen Sieger über die Germanen, den größten Sieger über die Sarmaten, den größten Sieger über die Britannier, den größten Sieger über die Karpen (oder: *über die Kappadokier), den größten Sieger über die Araber, den größten Sieger über die Perser, den größten Sieger über die Armenier, den größten Sieger über die Goten, den Inhaber der tribunizischen Gewalt zum 14. Male, den dreizehn Mal zum siegreichen Feldherrn Akklamierten, den vierfachen Konsul, Vater des Vaterlandes, Proconsul (hat) Flavius Terentianus, Angehöriger des Ritterstandes, Statthalter der Provinz Mauretania Sitifensis, völlig und stets ergeben seiner göttlichen Wirkungskraft und Majestät, (diese Inschrift gesetzt).»*

Dieser Inschrifttext, der übrigens keinerlei Anklänge an christliches Gedankengut erkennen läßt und vollständig im traditionellen Duktus gehalten ist, preist den im Westen amtierenden Kaiser als Seriensieger über auswärtige Völkerschaften und könnte den Eindruck erwecken, als sei Konstantin in den bisherigen zwölf Jahren seines kaiserlichen Daseins primär mit Feldzügen gegen Reichsfeinde beschäftigt gewesen. Dies ist nachweislich nicht der Fall gewesen, aber der genannte Eindruck sollte gewiß für den zeitgenössischen Leser entstehen, denn die Sieghaftigkeit des römischen Kaisers bildete vor allem mit Blick auf die Armee den wichtigsten Qualitätsausweis der Herrscherpersönlichkeit.

Die in der Inschrift zuerst genannten Siegestitel lenken unsere Aufmerksamkeit auf den rheinischen Raum. Dort hatte

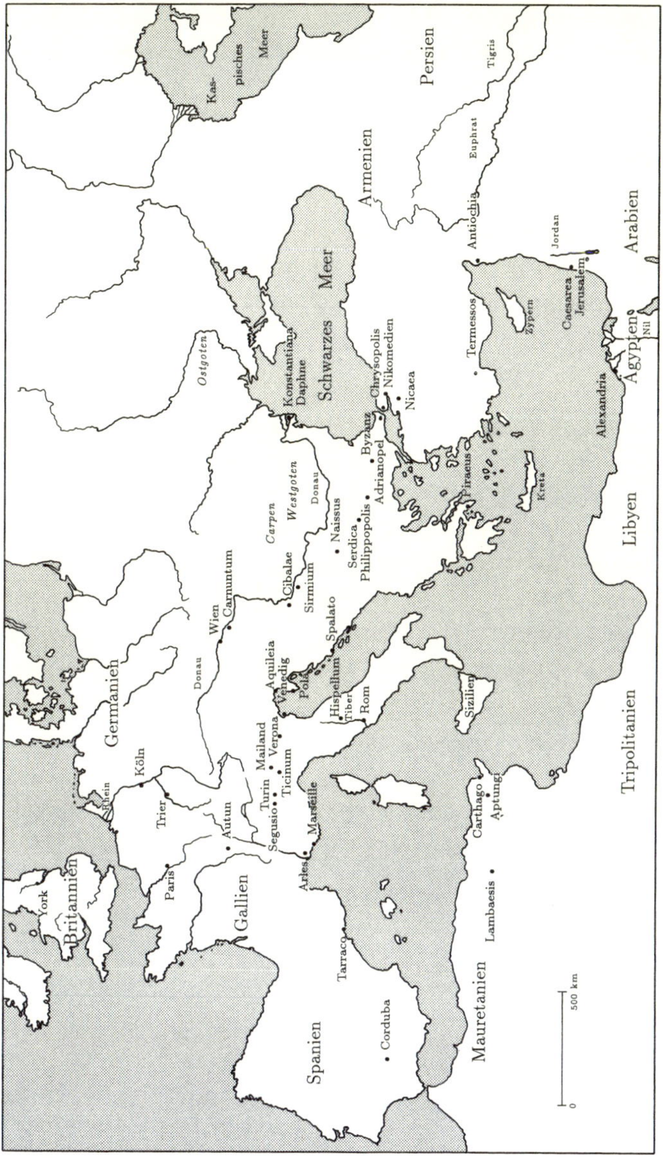

Abb. 13: Karte des spätantiken Imperium Romanum

Konstantin bereits in den ersten Jahren nach seinem Avancement zum Mitglied der Tetrarchie diverse Operationen durchführen müssen, die unter anderem den Bau einer Rheinbrücke bei Köln und die Anlage des Kastells in Divitia (Köln-Deutz) mit sich gebracht hatten.[106]

Im Zuge dieser Unternehmungen gelang auch die Gefangennahme der Frankenfürsten Ascaricus und Merogaisus, die – möglicherweise im Trierer Amphitheater – den wilden Tieren zum Fraß vorgeworfen wurden.[107]

Abb. 14: Trier, Amphitheater

Trier fungierte in diesem ersten Jahrzehnt der kaiserlichen Herrschaft, das heißt zwischen 306 und 316, als die wichtigste konstantinische Residenz. Möglicherweise hatte er hier im Jahre 307 Fausta, die Tochter des tetrarchischen Augustus Maximian, geheiratet, und vornehmlich von hier aus übte er die kaiserliche Herrschaft in den westlichen Reichsregionen aus. Anläßlich seiner Quinquennalien, des Fünfjahresjubiläums seiner Herrschaft, pries ein Panegyriker im Jahre 310 die urbanistische Blüte Triers,[108] das von der Präsenz des Kaisers profitierte und durch Restaurationsmaßnahmen und Erweiterungsbauten (Zirkus, Amphitheater, Forum) sowie durch etliche Neubauten (Kaiserthermen, Basilika, Palast) einen deutlich erkennbaren Aufschwung in konstantinischer Zeit erlebte.[109] Ein besonders berühmtes und in seiner Deutung bis heute hochumstrittenes Relikt des konstantinischen Palastes in Trier bilden die prächtigen, heute im Trierer Bischöflichen Museum befindlichen Deckengemälde. In fünfzehn rechteckigen Bildfeldern sind Männer, Eroten und mit reichem

Abb. 15: Trier, Basilika

Schmuck und Nimbus (Lichtscheibe) versehene Frauen dargestellt. Im Mittelpunkt des Ganzen steht die Abbildung einer Frau, die möglicherweise mit Fausta, der Kaisergattin, zu identifizieren ist, aber auch Helena, die Mutter Konstantins, ist in die Diskussion gebracht worden.[110]

Der politischen und strategischen Bedeutung Triers in der Frühphase der konstantinischen Kaiserherrschaft entspricht auch der reiche Ausstoß der Trierer Münzstätte, deren Emissionen die außenpolitischen Meriten Konstantins öffentlichkeitswirksam ins Bild setzten, darunter die erwähnte Kölner Rheinbrücke.[111] Ein neuer Erfolg stellte sich im Jahre 313 ein, als Konstantin gegen die Franken im Rheingebiet energisch vorging. In der Folgezeit scheinen sich die Franken und Alamannen weitgehend ruhig verhalten zu haben, erst im Jahre 320 agiert wieder der Konstantinsohn und Caesar Crispus gegen die Germanen.

Der in der nordafrikanischen Inschrift anschließend genannte Titel «Sarmatensieger» führt in den Donauraum und bezieht sich möglicherweise auf im Jahre 315 noch gemeinsam von Konstantin und Licinius unternommene Operationen gegen Sarmaten und Goten an der Donau. Dies bedeutete eine letztmalig praktizierte Kollegialität beider Kaiser, die in diesem Jahr auch noch einmal gemeinsam als Konsuln amtierten, im anschließenden Jahr 316 freilich militärisch aneinandergerieten. Erst im Jahre 322 initiierte Konstantin wieder einen Feldzug gegen die Sarmaten, der in eine diplomatische Vereinbarung mündete, welche wiederum zur Vorgeschichte des (später noch vorzustellenden) berühmten Gotenvertrages von 332 gehört.

Den Ehrentitel «Britanniensieger» schließlich hat Konstantin wahrscheinlich durch militärische Operationen auf der Insel im Jahr 313/314 erworben.[112]

Die östlichen Siegestitel hingegen, über Araber, Perser und Armenier, führte Konstantin allein in guter traditioneller Manier aufgrund der wohl von Licinius errungenen militärischen (oder auch nur diplomatischen) Erfolge, denn üblicherweise führten in einer Mehrkaiserherrschaft die gemeinsam regierenden Kaiser auch gemeinsame Siegestitel, unabhängig davon, wer de facto die Siege errungen hatte. Bezeichnenderweise tauchen diese östlichen Siegesbeinahmen in Konstantins Herrschertitulatur seit 324 nicht mehr auf. Als Alleinherrscher bedurfte der Kaiser entlehnter Verdienste zu propagandistischen Zwecken nicht mehr.

Bereits mit Konstantins erstem Sieg über Licinius im Jahre 316 hatte sich auch der militärische Wirkungsraum Konstantins weit in die osteuropäischen Gebiete hinein verlagert. Bezeichnenderweise bediente er sich nun auch noch der Münzprägestätten in Siscia und Thessalonica, seit 320 auch noch in Sirmium, der somit in seinem eigenen nominellen Herrschaftsraum gedemütigte Licinius war deutlich in den Raum Kleinasiens und des Nahen Ostens abgedrängt worden.[113] Und kaum zufällig führte in den neuen Münzserien der genannten osteuropäischen Ateliers Konstantin besonders häufig und demonstrativ den Beinamen «Maximus» in den Münzlegenden und demonstrierte damit vor aller Augen, wie er die auf dem Papier noch existierende kollegiale Herrschaft mit Licinius interpretierte. Wie weit Konstantin auf dem Weg von einer nur noch prekären Dyarchie zu einer tatsächlichen Monarchie bereits gelangt war, illustriert schließlich die Tatsache, daß persische Gesandte vor dem Jahr 321 bereits mit ihm und nicht etwa mit dem eigentlich zuständigen ‹Ostkaiser› Licinius verhandelt hatten, was ein konstantinischer Festredner öffentlich zu betonen natürlich nicht versäumte.[114] Die anschließende Konfrontation mit Licinius und die endgültige Etablierung der Alleinherrschaft Konstantins im Jahre 324 erscheinen denn auch nur als der endgültige Vollzug längst eingetretener Veränderungen und Gewichtsverschiebungen im politischen Kräftespiel.

V. CHRISTLICHER MONARCH UND WELTHERRSCHER: 324–337

Instaurator orbis terrarum: *Konstantin als Monarch*

In einer Inschrift aus Surrentum, dem heutigen kampanischen Badeort Sorrento, die nach Konstantins Sieg über Licinius gesetzt wurde, wird der Kaiser als *instaurator orbis terrarum,* als Erneuerer des gesamten Erdkreises, gepriesen.[1] Die Monarchie alter Couleur war nun wieder etabliert, das ingeniöse tetrarchische Experiment einer neukonzipierten Mehrkaiserherrschaft nur noch Geschichte. War die öffentliche (Selbst-) Darstellung auf Münzen, Inschriften und in der Herrscherpanegyrik bis zum Jahr 324 immer auch von aktuellen, tagespolitischen Bedingungen der Konkurrenz durch mindestens einen Rivalen oder Mitkaiser mitbestimmt worden, so gerät das Konstantin-Bild nun zum zeitlosen Modell, zum Kaiserideal, welches in Eusebius' «Triakontaëterikos», der Festrede des christlichen Hagiographen zum Ende des 30jährigen Regierungsjubiläums am 25. Juli 336, in die Form eines christlichen Fürstenspiegels gegossen wird.[2]

Bildhafter Ausdruck dieser neuen Qualität der Kaiserherrschaft ist das Diadem, welches Konstantin seit dem Jahr 325 nun demonstrativ zur Insignie seiner kaiserlichen Stellung macht.[3] Konstantin stellt sich hier zweifellos bewußt – übrigens auch in seiner Porträtgestaltung mit dem nach oben gewandten Blick – in die ikonographische Nachfolge des einstigen Weltherrschers Alexander des Großen und benutzt vor allem in seiner Münzprägung das prominent gezeigte Diadem als Symbol seines nun unangefochtenen monarchischen Kaisertums.

Dieses konstantinische Kaisertum kennt zwar auch nach 324 weiterhin den Gedanken der Mitherrschaft, jedoch allein im traditionell-dynastischen Sinne in Form der Beteiligung seiner Söhne und später noch eines Neffen an der Herrscherpraxis im Range von Caesares, also in einer deutlich minderberechtigten Position. Eusebius hat dies in seiner Tricennalienrede von 336 – gehalten zum Ende des dreißigjährigen Herrscherjubiläums – in das instruktive Bild des kaiserlichen Wagens gebracht, der von den ins Joch gespannten Caesares gezogen und von dem Kaiser Konstantin in der Manier des Sonnengottes gelenkt wird.[4] Um keinerlei Mißverständnisse aufkommen zu lassen, fügt Eusebius allerdings gleich hinzu: «Die Monarchie übertrifft alle anderen Formen von Verfassung und Herrschaft. Denn Anarchie und Bürgerkrieg rühren eher von einer Mehrherrschaft her, die auf Gleichrangigkeit beruht.»[5]

Nach diesem traditionellen Modell übte Konstantin seit September 324 die Herrschaft aus, denn der ausgeschaltete Licinius fristete nur noch ein Gnadendasein und wurde vorsorglich im Frühjahr 325 hingerichtet, nicht anders als sein Sohn (und Neffe Konstantins!), der jüngere Licinius. Als eindeutig nachrangige, mit dem Caesar-Titel versehene Mitherrscher beziehungsweise Unterkaiser amtierten nun die Söhne Konstantins: Crispus, sein um 300 erstgeborener Sohn aus der Verbindung mit Minervina, 317 zum Caesar erhoben, sowie seine beiden älteren Söhne aus der Ehe mit Fausta, der Tochter Maximians, Constantinus II., bereits als Einjähriger im Jahr 317 zum Caesar befördert, und Constantius II., 317 geboren und im November 324 mit dem Caesariat versehen; sein jüngster Sohn, der wohl 320 geborene Constans, erhielt erst Ende 333 den Caesar-Titel.

«Da nun die gottlosen Männer aus dem Wege geschafft waren, schienen fortan die Sonnenstrahlen gereinigt von der Tyrannenherr-

schaft, und das gesamte Reich war unter römischer Herrschaft vereinigt; die Völkerschaften des Ostens waren vereinigt mit der anderen Hälfte, und der gesamte Staatskörper wurde durch die eine Herrschaft über das Ganze wie von einem Kopf geleitet, da sich jetzt die Macht eines Monarchen über alle erstreckte. Die hellen Strahlen leuchtender Gottesverehrung spendeten denen, die vorher in Finsternis und Todesschatten gesessen hatten, freudige Tage ... Konstantin aber, der durch die vollkommene Tugend der Gottesfurcht ausgezeichnete Kaiser, der Siegreiche (denn diesen Beinamen hatte er für sich als den am besten passenden angenommen wegen des ihm von Gott über alle Gegner und Feinde geschenkten Sieges), er übernahm wieder den Osten und brachte das römische Reich ganz und ungeteilt, wie es früher gewesen war, unter seine Kontrolle, um sofort allen die Botschaft von der Alleinherrschaft Gottes zu bringen ...»

Mit diesen Worten preist Eusebius von Caesarea in seiner Konstantin-Biographie (II 19,1–2) die Wiederherstellung der Monarchie als Erfüllung des gottgewollten, christlichen Kaisertums und als definitives, reichsweites Ende der unter der diokletianischen Tetrarchie begonnenen Christenverfolgungen. Erneut erinnern Stil und Duktus des eusebianischen Textes an die enge Verwandtschaft zwischen Christenreligion und monotheistischem Sonnenkult, auch wenn Eusebius eigens betont, daß Konstantin nun den Beinamen *victor* (der «Siegreiche») angenommen habe. Die erhaltenen Inschriften bestätigen in der Tat, daß das bis dahin geführte Epitheton *invictus* (der «Unbesiegbare») durch *victor* ersetzt wurde, und könnten die Annahme nahelegen, daß Konstantin sich damit auch deutlich von dem Sonnengott Sol Invictus distanziert habe, doch so eindeutig wie dies bisweilen behauptet wird,[6] scheint mir dies beileibe nicht zu sein (S. 126f.).

Am 25. Juli 325 zelebrierte Konstantin im bithynischen Nikomedia sein zwanzigjähriges Regierungsjubiläum, die Vicennalia. Nicht zufällig stammt eine der frühesten Prägungen, welche Konstantin mit dem neuen Diadem abbildet, aus ebendiesem Nikomedia, denn wahrscheinlich führte Konstantin anläßlich seiner Vicennalia gezielt das Diadem als neues Attribut seiner nun weltumspannenden Alleinherrschaft in seine Herrschaftsikonographie ein:[7]

Abb. 16: Goldmünze Konstantins

Auf der hier abgebildeten Goldmünze mit der einfachen Legende D(ominus) N(oster) CONSTANTINUS AUG(ustus) erscheint das Diadem noch in seiner einfachsten Form, als (wohl aus Purpurseide bestehendes) Banddiadem; in der Folgezeit entwickelten sich als prächtigere Varianten das Perlendiadem und das Juwelendiadem. Der Konstantin-Biograph Eusebius interessierte sich zwar auch für das Diadem als distinktives Herrschaftsabzeichen,[8] für ihn dokumentieren die Feiern im Sommer 325 aber vor allem den Triumph des Christentums, gehörten doch nun christliche Bischöfe zum ‹inner circle› des Kaisers in seinem Palast:

«In derselben Zeit vollendete sich auch das zwanzigste Jahr seiner Regierung. Zu diesem Anlaß wurden in den übrigen Provinzen allgemeine Festversammlungen gehalten; den Dienern Gottes aber veranstaltete der Kaiser selbst die Festmähler, an denen er mit ihnen, nachdem sie Frieden geschlossen hatten, teilnahm, um durch sie gleichsam Gott ein seiner würdiges Opfer darzubringen; nicht einer der Bischöfe wurde an der Tafel des Kaisers vermißt.»[9]

Nach dieser eusebianischen Version bilden die Vicennalia gleichsam den krönenden Abschluß des vorher in Nicäa abgehaltenen, berühmten Konzils, auf welchem, so Eusebius,

«Frieden geschlossen» worden sei – eine Interpretation, die leider stärker dem Wunsch des christlichen Biographen als der historischen Wirklichkeit entsprach.

Das Konzil von Nicäa

Da berief er, als wollte er gegen jenen (sc. den Feind der Kirche) zu Felde ziehen, die Streitmacht Gottes zu einer weltweiten (‹ökumenischen›) Versammlung, indem er mit respektvollen Schreiben die Bischöfe aufforderte, von überallher herbeizueilen. Es war aber nicht nur ein einfacher Befehl, sondern des Kaisers guter Wille stärkte diesen durch praktische Ausführung, da er den einen die Berechtigung erteilte, die öffentliche Post zu benutzen, den anderen reichliche Lasttiere zur Verfügung stellte. Eine für die Versammlung wohlgeeignete Stadt wurde bestimmt, die von der Nike (der Siegesgöttin) ihren Namen hatte, Nikaia (Nicäa) in der Provinz Bithynien. ... Von allen Kirchen, die ganz Europa, Libyen und Asien füllten, waren die ausgesuchtesten der Diener Gottes versammelt, und ein Bethaus, das gleichsam von Gott erweitert worden war, faßte zugleich in sich Syrier und Kilikier, Phönikier, Araber und Palästinenser; zusätzlich zu diesen Ägypter, Thebaier, Libyer sowie Ankömmlinge aus dem Gebiet zwischen den Strömen (Mesopotamien). Sogar ein Bischof aus Persien nahm an der Synode teil, und nicht fehlte ein Skythe in dem Reigen; Pontus und Galatien, Kappadokien und Asien, Phrygien und Pamphylien boten ihre auserlesenen Leute. Aber auch Thraker und Makedonier, Achaier und Epiroten und Männer, die noch über diese hinaus wohnten, kamen herbei, selbst von Spanien war jener weitberühmte Mann (sc. Ossius von Corduba) *einer von den zahlreichen Teilnehmern an der Versammlung. Von der Kaiserstadt (Rom) jedoch war der Kirchenvorsteher wegen seines Alters nicht anwesend, aber seine Presbyter waren vertreten, um seine Stelle auszufüllen.*[10]

Die als erstes ökumenisches Konzil zu welthistorischer Bedeutung gelangte Bischofsversammlung von Nicäa berief ein Kaiser ein, der nicht der christlichen Kirche angehörte und nicht getauft war. Diesen Vorgang hielt Eusebius noch für nahezu selbstverständlich und nicht in besonderer Weise erläuterungs- und begründungsbedürftig. Nur vor dem Hintergrund der noch im späteren 4. Jahrhundert ausbrechenden Konflikte um die Frage, inwiefern der Kaiser in kirchlichen Fragen überhaupt ein eigenes Handlungs- oder gar Interventionsrecht besitze und ob er nicht vielmehr der kirchlichen Suprematie unterstehe, erscheint dieses ‹fehlende Problembewußtsein› Eusebs daher bemerkenswert. Für Eusebius und sein Konzept des christlichen Kaisertums hingegen war ein kaiserliches Eingreifen in innerkirchliche Angelegenheiten dagegen geradezu geboten. Bereits an früherer Stelle seiner Konstantin-Biographie hatte er dann auch eher beiläufig darauf hingewiesen, daß der Kaiser bei Bedarf Bischofsversammlungen abgehalten habe, «als sei er von Gott zum gemeinsamen Bischof aller aufgestellt worden».[11] Gewiß spielte dabei auch die Tatsache eine entscheidende Rolle, daß Konstantin weiterhin als *pontifex maximus* für alle Kulte, also auch den christlichen Kult, unmittelbar zuständig war und gerade auch mit Blick auf die Christen seine vornehmste, immer wieder von ihm betonte Aufgabe darin sah, Zerwürfnisse und Spaltungen innerhalb der Glaubensgemeinde zu überwinden und für ein harmonisches und friedliches Miteinander zu sorgen.[12]

Seit den ersten Versuchen Konstantins, vermittelnd im Donatistenstreit seit 312/313 zu wirken, hatte sich nun diese Form von kaiserlichem Interventionismus ausgebildet, und insofern stellte die Einberufung des ökumenischen Konzils in Nicäa nur die Fortsetzung einer längst eingeübten herrscherlichen Praxis dar. Die herausragende Bedeutung dieser Synode resultiert denn auch nicht nur aus der Rolle Konstantins, sondern vor allem aus der Brisanz der dort verhandelten Probleme und der Langzeitwirkung der dort gefundenen Lösungen.

Hauptanlaß der theologischen Kontroversen und innerkirchlichen Streitigkeiten, welche erst die Einberufung des Konzils notwendig gemacht hatten, war der im ägyptischen Alexandria ausgebrochene Disput um die göttliche Wesenheit Jesu. Der Presbyter Arius hatte nämlich eine theologisch umstrittene Christologie proklamiert, die in der Auffassung gipfelte, daß keine Wesensgleichheit und Wesensgleichrangigkeit zwischen Gottvater und Gottessohn bestünde, da letzterer als Gottgeschaffener, als Geschöpf Gottes nicht gottgleich (griechisch: *homoousios*), sondern Gott nur wesensähnlich (griechisch: *homoiousios*) sein könne. Dieses Ideengebäude, welches im Osten, etwa im syrischen Antiochia, etliche Anhänger fand, weitete sich zu einem veritablen Schisma, also einer Spaltung der Kirche aus.[13]

«*Als der Kaiser dies erfuhr, wurde er in seinem Innersten getroffen, und er empfand es als ihn unmittelbar berührendes Unheil. Er sandte auf der Stelle als Friedensstifter den streitenden Parteien in Alexandria von den gottesfürchtigen Männern seiner Umgebung jenen, den er wegen seines tugendhaften Lebens und starken Glaubens für wohlerprobt hielt, einen Mann, der von strahlendem Ruhm war wegen der Bekenntnisse seiner Gottesverehrung, die er in den früheren Zeiten abgelegt hatte.*»[14]

Besagter Gesandter war Ossius, der Bischof der spanischen Stadt Corduba (Cordoba),[15] dem er ein von Eusebius im Wortlaut überliefertes Schreiben mit auf den Weg gab.[16] Darin spielt der Kaiser den eigentlichen dogmatischen Gegenstand herunter: «Als ich nun über den Ursprung und den Gegenstand all dessen nachdachte, stellte sich heraus, daß die Ursache eine ganz geringfügige und durchaus nicht eines so heftigen Streites wert ist.» (Vita Constantini des Eusebius – im weiteren Eus. VC – II 68,2). Man hätte, so Konstantin, über diesen «nichtigen Punkt» niemals nachdenken, keine Fragen stellen und keine Antworten geben sollen, denn derlei befriedige nur die «Streitsucht» und sei Teufelswerk, denn das verheerende Resultat bestehe in Zwietracht und Spaltung. Die Bewahrung der Eintracht hingegen sei das wichtigste und kostbarste Ziel, denn «unser großer Gott, der Erlöser aller, hat ein gemeinsames Licht über alle leuchten lassen.» (Eus. VC II 71,4)

Aus diesen Worten wird man nicht auf theologische Unkenntnis und dogmatisches Desinteresse Konstantins schließen dürfen, denn verschiedentlich, nicht zuletzt in Nicäa selbst, erweist er sich als durchaus informiert und kenntnisreich in Fragen der christlichen Glaubenslehre. Vielmehr agiert Konstantin ganz konsequent in Erfüllung seines *munus principis,* seiner wichtigsten Aufgabe als Kaiser, die in der Bewahrung des Staatswohls, der *salus imperii,* besteht und auf dem Felde der Religionspolitik traditionsgemäß nichts anderes bedeuten kann als das permanente Bemühen um die Gunst der Götter beziehungsweise nun, nach der konstantinischen Wende, um die einträchtige Verehrung des für alles Irdische allein verantwortlichen Christengottes.[17] In aller Deutlichkeit hatte Konstantin dieser seiner Grundüberzeugung, welche der eingangs dieses Buches herausgestrichenen Omnipräsenz des Religiösen im spätantiken Denken und Leben entspricht, bereits in einem im Kontext des Donatistenstreites entstandenen Schreiben vom Jahr 315/16 Ausdruck verliehen:

«*Welche höhere Verpflichtung, die ich gemäß meinem persönlichen Bestreben wie gerade auch gemäß meiner Aufgabe als Kaiser zu erfüllen habe, gibt es, als, wenn die Irrtümer beseitigt sind und alle Widersetzlichkeit gebrochen ist, dafür zu sorgen und endgültig sicherzustellen, daß alle im Besitz der wahren Religion sind, in einträchtiger Aufrichtigkeit Gott verehren und die Art von Kultus ausüben, die dem allmächtigen Gott zukommt?*»[18] Von dieser im Jahr 315/16 formulierten Selbstbestimmung des Kaisers als Garant der christlichen Einheit führt eine direkte Linie zum Konzil von Nicäa, wie Konstantin unmißverständlich in seinem Schreiben an die nicht nach Nicäa gekommenen Bischöfe deutlich macht (Eus.VC III 17):

«*Da ich aus der Wohlfahrt des Staates erfahren habe, wie groß die Güte der göttlichen Macht ist, bin ich zu dem Urteil gelangt, das müsse vor allem mein Ziel sein, daß bei den so sehr gesegneten Völkern der allumfassenden (‹katholischen›) Kirche ein einziger Glaube und eine aufrichtige Liebe und eine einmütige Verehrung des allmächtigen Gottes bewahrt werde. Da hierin aber keine unabänderliche und ständige Anordnung getroffen werden konnte, ohne daß sich alle oder doch wenigstens die meisten Bischöfe versammelten und so über alles einzelne auf unsere heilige Religion Bezügliche eine Entscheidung träfen, darum haben sich überaus viele Bischöfe zusammengefunden – auch ich war unter ihnen wie einer von euch; denn nicht möchte ich leugnen, was mich so sehr freut, daß ich euer Mitknecht bin –, und so lange wurde alles in der gebührenden Weise geprüft, bis sich die Gott, dem alles Überblickenden, wohlgefällige Ansicht zum Besten der Eintracht und Einheit klar gezeigt hatte, so daß kein Anlaß mehr für Zwiespalt oder Glaubensstreitigkeiten vorhanden blieb.»*

Die Einberufung und Durchführung des Konzils diente demnach der Erfüllung der vornehmsten kaiserlichen Amtspflicht, die durch innerkirchliche Kontroversen bedrohte Einheit des Christentums wiederherzustellen. Hierzu zählte auch der Disput um den Ostertermin, denn viele christliche Gemeinden begingen das Osterfest am Tag des jüdischen Passah, während anderenorts Ostern an dem auf das Passahfest folgenden Sonntag gefeiert wurde.[19]

Im Mai/Juni 325 kamen daher auf Geheiß Konstantins im kaiserlichen Palast in Nicäa nahezu 300 Bischöfe zusammen, vornehmlich aus den östlichen Bischofsstädten, während der Westen nur schwach repräsentiert war und auch der Bischof von Rom sich vertreten ließ.[20] Schon die Sitzordnung mit dem auf einem goldenen Sessel gesondert plazierten Kaiser deutet darauf hin, daß Konstantin tatsächlich nicht nur Initiator, sondern auch Vorsitzender des Konzils gewesen ist. Diese in ihrer Tragweite kaum zu überschätzende Erkenntnis läßt sich durch weitere Überlegungen und Quelleninterpretationen untermauern. So hat Konstantin die eigentliche Eröffnungsrede in Nicäa gehalten und darin die klärungsbedürftigen Punkte benannt und erläutert.[21] In den anschließenden Aussprachen moderierte der Kaiser die Diskussion und führte die erstrebte Einigung herbei, welche in Schriftform gegossen und von allen anwesenden Bischöfen durch eigenhändige Unterschrift abgesegnet wurde (Eus. VC III 14):

«*So setzte sich ein einheitlicher Glaube durch, und für das Osterfest einigten sich alle auf ein- und denselben Zeitpunkt. Besiegelt wurden zugleich die gemeinsamen Beschlüsse schriftlich durch die Unterschrift jedes einzelnen Bischofs. Nach Erledigung dieser Dinge erklärte der Kaiser, hiermit habe er einen zweiten Sieg über den Feind der Kirche errungen, und er ließ darum Gott zu Ehren ein Siegesfest feiern.*»

Die emphatische Bilanz Eusebs spiegelt die unmittelbar nach Beendigung des Konzils erreichte Stimmungslage wider. Es war in der Tat gelungen, und zwar erkennbar unter leitender Mitwirkung des Kaisers und unter federführender theologischer Beratung seitens des Ossius von Corduba, eine konsensfähige Formel zu finden: Jesus Christus wurde als «Gottes eingeborener Sohn, aus dem Vater gezeugt», definiert, als «wesensgleich» (griechisch: *homoousios*) mit dem Gottvater. Die arianische Christologie wurde verworfen, und auch der Osterstreit wurde durch die Fixierung eines einzigen allgemein verbindlichen Termins (des auf das Passahfest folgenden Sonntags) beendet.

Das in Nicäa festgelegte, hier knapp paraphrasierte Glaubensbekenntnis bildet, als sogenanntes *Urnizänum*, den Kern des bis heute gültigen allgemeinen Credos, welches auf dem zweiten ökumenischen Konzil in Konstantinopel im Jahre 381 endgültig verabschiedet und um die schärfsten antiarianischen Abschnitte bereinigt worden ist.[22] Es führte jedoch nicht – und dies kaschiert Eusebius in seiner erst nach dem Frühjahr 337 verfaßten Darstellung – zur erstrebten Befriedung und Einheit innerhalb der Christenheit, denn die Phalanx der ‹Nicäner› begann bald nach 325 wieder zu bröckeln. Verantwortlich war dafür einmal Eusthatius, der Metropolit des syrischen Antiochia und damit einer der prominentesten Bischöfe reichsweit, der als allzu scharfer Anti-Arianer abgesetzt und auch von Konstantin gemaßregelt wurde, aber auch Konstantin selbst, der bereits 327/28 Arius wieder den Weg zurück in die Christengemeinschaft ebnete. Diese späteren Relativierungen der Bedeutung des nicänischen Konzils blendet Eusebius in seinem Panegyricus auf Konstantin als den Konzilsvorsitzenden, als den ‹Bischof der Bischöfe› aus, denn in der Tat hatte hier «die Christenheit zum ersten Male in ihrer Geschichte ein sichtbares Oberhaupt erhalten».[23] Dieses Oberhaupt war der ungetaufte Kaiser, der in der eusebianischen Interpretation als von Gott selbst eingesetzter und beauftragter Oberpriester erscheint und die Einheit von weltlicher und geistlicher Herrschaft verkörpert. Auf dieses strahlende Kaiserbild im Kontext einer christlichen Herrschertheologie sollten hingegen schon bald düstere Schatten fallen, die von Familienskandalen und unvorhergesehenen Mordtaten herrührten.

Pius Felix Augustus? *Das blutige Jahr 326*

Der heidnische, strikt antikonstantinisch eingestellte Historiograph Zosimus verlegt in seiner um 500 verfaßten «Neuen Geschichte» die konstantinische Wende ins Jahr 326. Die ausschlaggebende Zäsur im Lebensweg Konstantins sieht Zosimus in dem Sieg von 324 und der Etablierung einer Alleinherrschaft, welche nichts anderes als Verbrechen und Willkür bedeutet hätte:

«Wie nun die gesamte Macht allein bei Konstantin lag, verhüllte er nicht mehr länger seine angeborene Schlechtigkeit, sondern nahm sich die Freiheit heraus, in all seinem Tun nach Gutdünken zu verfahren. Zwar hielt er noch an den väterlichen Sitten fest, freilich nicht so sehr aus Ehrfurcht als vielmehr aus Zweckmäßigkeit. Deshalb hörte er

auch auf die Wahrsager, da er ja erprobt hatte, daß sie ihm bei allen seinen Erfolgen die Wahrheit prophezeit hatten. Als er aber voll des Übermuts in Rom eingetroffen war, glaubte er, mit seiner Gottlosigkeit bei der eigenen Familie beginnen zu müssen.»[24]

Nach den dann von ihm zu verantwortenden Mordtaten innerhalb seiner Familie habe er, so Zosimus, bei paganen Priestern vergeblich nach Möglichkeiten gesucht, die grauenvollen Verbrechen zu sühnen. Da sei ihm nun bekannt geworden, «*daß die christliche Glaubenslehre jede Sünde beseitige und daß sie diese Verheißung in sich trage, daß nämlich die Gottlosen, wenn sie diese Lehre annähmen, sofort von jeder Schuld frei seien. Konstantin vernahm mit Begeisterung diese Rede und ließ den Glauben der Väter im Stich*».[25] Was war tatsächlich geschehen?

Eusebius übergeht das dramatische Geschehen mit Schweigen, aber Zosimus hilft uns erneut weiter, auch wenn er die empörenden Vorgänge fälschlicherweise in die Zeit nach der Ankunft Konstantins in Rom verlegt, wohin sich Konstantin im Juli 326 begab, um seine Feier des zwanzigjährigen Jubiläums in der traditionellen Reichshauptstadt zu wiederholen. «Nun geriet dieser (Crispus) in den Verdacht, mit seiner Stiefmutter Fausta Umgang zu haben, und deshalb ließ ihn Konstantin ohne jede Rücksicht auf das Naturrecht beseitigen.»[26] Nachkonstantinische Kirchenhistoriker kennen diese im Kern von Zosimus übermittelte Version ebenfalls und machen durch eigene Zutaten Crispus im Stile moderner Boulevardblätter zum unschuldigen Opfer eines erotischen Skandals. Crispus, so lautet diese angereicherte Version, habe sich standhaft den sexuellen Begehrlichkeiten seiner Stiefmutter widersetzt, die, in ihrer weiblichen Ehre gekränkt, Crispus beim Kaiser angeklagt habe, ihr nachgestellt zu haben, woraufhin Konstantin ihn habe hinrichten lassen.[27]

Alle modernen Versuche, Licht in diese dunkle Affäre zu bringen, scheitern an dem Fehlen verläßlicher Informationen.[28] Am wahrscheinlichsten bleibt daher immer noch die

Annahme, daß Konstantin einen begründeten Verdacht hatte oder auch nur zu haben glaubte, daß Crispus mit seiner Rolle als Caesar nach dem maßgeblich ja von ihm errungenen Sieg über Licinius nicht mehr einverstanden war und möglicherweise gefährliche weitere politische Ambitionen erkennen ließ. Doch mehr als eine bestenfalls plausible Erklärung für die schon im Frühjahr 326 noch vor Konstantins Romreise erfolgte Ermordung des Crispus kann dies nicht sein, und rätselhaft bleibt auch die zweite Untat Konstantins im Sommer desselben Jahres:

«*Helena, die Mutter des Kaisers, war tief betrübt über eine solche furchtbare Gewalttat und grämte sich sehr über die Hinrichtung des jungen Mannes, doch gleich als wollte er ihr Trost gewähren, heilte Konstantin das Übel mit einem noch größeren: Er befahl nämlich, ein Bad zu überhitzen und Fausta dorthin zu bringen, worauf man sie nur noch als Leiche heraustrug.*»[29]

Konstantins Gattin Fausta war erst im November 324 von dem Kaiser offiziell zur (natürlich nur nominellen) Mitherrscherin, zur Augusta, erhoben worden, es handelt sich bei den Vorgängen des Sommers 326 also um eine offenbar unvorhergesehene, abrupte und dramatische Wende in der konstantinischen Familiengeschichte. Auffällig ist immerhin, daß um das Jahr 370 der heidnische Historiker Eutrop zu berichten weiß, daß Konstantin neben seiner Frau auch «etliche Freunde» ermorden ließ.[30] Dies könnte auf die Existenz einer größeren Gruppe von Konstantin verdächtig erscheinenden Verschwörern schließen lassen, ohne daß sich diese vage Vermutung weiter vertiefen ließe.

Das öffentliche Echo auf diese dramatischen Vorgänge dürfte laut und vernehmlich gewesen sein. Immerhin hatte Konstantin in den Jahren vor 326 mit beträchtlichem Aufwand Familienpropaganda betrieben, hatte auf Münzen den Caesar Crispus reichsweit als präsumtiven Nachfolger vorgestellt und pikanterweise noch 324 auf einem Trierer Medaillon die innerfamiliäre *concordia*, die harmonische Eintracht, öffentlichkeitswirksam beschworen.[31] Um so schockierter wird die Öffentlichkeit im Sommer 326 gewesen sein angesichts des Undenkbaren und Unfaßbaren, aber schnell war man mit den erklärenden Beispielen aus der römischen Kaisergeschichte bei der Hand: Caligula und Nero, Domitian und Commodus hatten schließlich als blutrünstige Tyrannen im *locus princeps* gerade auch im engsten Familien- und Vertrautenkreis gewütet, und so stellte ein bald nach den Mordtaten von 326 verfaßter Zweizeiler diesen historischen Zusammenhang denn auch explizit her:

«Wer will nach dem goldenen Zeitalter Saturns suchen?
Unseres ist gar von Juwelen, aber ein neronisches!»[32]

Möglicherweise steckt in dem zitierten Pasquill sogar noch eine deutlichere, wenn auch versteckte Konstantin-Kritik, denn mit dem Bonmot des «juwelengeschmückten Saeculums» könnte der Verfasser zugleich auf das just in dieser Zeit neu eingeführte Juwelendiadem des Kaisers Konstantin angespielt haben.[33] Die antikonstantinische Polemik dürfte freilich noch erheblich lauter und nachhaltiger gewesen sein, als es die wenigen uns erhaltenen Texte und Fragmente nur andeuten können. Wie aber ging Konstantin selbst mit diesen Vorgängen öffentlich um? Suchte er sie zu legitimieren, zu erläutern, plausibel zu machen? Wir wissen leider auch dies nicht, doch eines ist klar: Der Kaiser scheute sich nicht, die abrupte Peripetie in seiner Familiengeschichte öffentlich zu dokumentieren, denn beide Mordopfer, Crispus wie Fausta, verfielen der *damnatio memoriae,* der offiziellen Tilgung aus dem öffentlichen kollektiven Gedächtnis, und ihre Namen wurden daher in den Inschriften ausgemeißelt,[34] ihre Portraits und Statuen zerstört. Eusebius hat diesen Schritt bereitwillig nachvollzogen: Während er in seiner früher entstandenen «Kirchengeschichte» noch voll des Lobes über Crispus ist, ignoriert er ihn in seiner Biographie des Kaisers Konstantin konsequent.[35]

Zweifelhaft scheint mir hingegen die bisweilen geäußerte Annahme zu sein, daß die Verschärfung der Ehe- und Sittengesetzgebung von seiten Konstantins in ebendiesem Jahr 326 Reflex der (nur hypothetisch unterstellten) Skandalgeschichte zwischen Crispus und Fausta sein könnte.[36] So beschränkt ein Gesetz aus dem April 326 den Kreis der wegen Ehebruchs einer Frau Klageberechtigten auf den Kreis der engen Verwandten, und dies erkennbar in dem Bestreben, den Bestand der Ehe zu schützen und die Ehescheidung zu erschweren.[37] Eine weitere Maßnahme steht im Dienste drastischer Strafverschärfung für bürgerliche Frauen, die ein sexuelles Verhältnis mit Sklaven eingehen und künftig mit Hinrichtung zu rechnen haben.[38] Auch hier drängen sich keine Assoziationen zu Vorgängen innerhalb der kaiserlichen Familie auf, zumal das Gesetz in einer langen Tradition von vergleichbaren Anordnungen steht. Am ehesten scheint noch, zumindest auf den ersten Blick, ein drittes Gesetz Anklänge an Konstantins eigene dramatische Familiengeschichte zu erlauben. Denn im Juni 326 verfügt der Kaiser, daß niemandem, der in einem bestehenden Eheverhältnis lebt, erlaubt sein könne, daneben ein Konkubinat zu unterhalten.[39] Zwar könnte bekanntlich Konstantin selbst einem Konkubinatsverhältnis seines Vaters Constantius (I.) Chlorus mit Helena entstammen, und möglicherweise war auch Crispus aus einer nicht legalisierten Verbindung Konstantins mit Minervina hervorgegangen, aber erstens ist dies alles unsicher, und zweitens erweisen sich bei näherem Hinsehen die vermeintlichen Parallelen zwischen dem Rechtstext und der Skandalgeschichte als recht vage. Und gar nicht verständlich schiene es, wenn Konstantin tatsächlich einen Familienskandal im eigenen Hause gewissermaßen dauerhaft durch gesetzgeberisches Tun verewigt und dokumentiert hätte, während ansonsten die Devise erkennbar lautete: Tilgung aus der *memoria* und über alles weitere Schweigen. Näher könnte es dagegen liegen, hinter den in der Tat in den Jahren 325/26 gehäuft ausgegebenen kaiserlichen Anordnungen zu Ehe und Scheidung nicht eigenes Handeln und Erleben beziehungsweise Erleiden Konstantins, sondern zunehmenden christlichen Einfluß zu vermuten,[40] und damit ist bereits die Religionspolitik Konstantins nach 324 angesprochen.

Religionspolitik nach 324

Mit dem Sieg über Licinius beherrschte Konstantin nun auch den gesamten griechischen Osten und damit den Teil der Alten Welt, der in weit höherem Maße christianisiert war als der lateinische Westen; Alexandria in Ägypten oder Antiochia in Syrien mögen dabei als zwei besonders prominente Beispiele für viele andere Poleis stehen. Andererseits sollte nicht übersehen werden, daß die Christen insgesamt auch in diesen Gebieten gewiß numerisch noch weit in der Unterzahl waren und die Auseinandersetzungen zwischen den Anhängern der verschiedenen Kulte, aber auch innerhalb des Christentums selbst, heftiger und unversöhnlicher geführt werden als im Westen (vom Donatistenstreit einmal abgesehen). Von Konstantin als dem für das Wohl des Reichsganzen Verantwortlichen waren daher entschiedene religionspolitische Aussagen und Maßnahmen zu erwarten, und er blieb sie auch nicht schuldig.

Eusebius zitiert im Wortlaut zwei Erlasse des Kaisers, die unmittelbar im Anschluß an die Erringung der monarchischen Herrschaft entstanden sind.[41] Der erste Text (Eus. VC II 24–42), gerichtet an die östlichen Provinzen insgesamt, besiegelt offiziell das Ende aller den Christen auferlegten Nachteile und Lasten und regelt die Restitution einst konfiszierter Güter; sollten keine Erbberechtigten mehr am Leben sein, um den rückübertragenen Besitz entgegenzunehmen, so solle die christliche Kirche als Erbnehmer fungieren. Wichtig ist das gegenüber allen Bewohnern des Ostens, also auch den mehrheitlich nicht dem Christentum Zuneigenden, emphatisch formulierte Bekenntnis des Kaisers, «*daß durch die Wirkungskraft des allmächtigen Gottes und durch seine Ermutigungen wie auch durch die Hilfe, die er in so überreichem Maße mir zu gewähren sich würdigt, die elende Lage, die vorher das ganze Menschengeschlecht drückte, nunmehr aus allen Gebieten unter der Sonne geschwunden ist*». (Eus. VC II 42)

Der zweite Text von geradezu universalistischem Anspruch, da laut Eusebius «an die Bewohner aller Provinzen» gesandt, verfolgte den mit großer Beredsamkeit erstrebten Zweck, «seine Untertanen davon zu überzeugen, daß es vernünftiger sei, den allerhöchsten Gott anzuerkennen und seinen Christus offen als den Erlöser anzunehmen». (Eus. VC II 47,1) Konstantin thematisiert hier in expliziter Auseinandersetzung zum Beispiel mit dem Apollo-Kult die Rolle, welche die traditionellen Götter in einem nun von einem bekennenden und überzeugten Christen als Kaiser und Weltherrscher gelenkten Staat noch spielen können. Und die kaiserliche Stellungnahme ist eindeutig: Mehr als ein zwar von Repression freies, aber deutlich zu kritisierendes Weiterexistieren könne, so Konstantin, nicht gewährt werden:

«*Die gleiche Gabe von Frieden und Ruhe wie die Gläubigen sollen die Irrenden freudig erhalten. Denn diese süße Gemeinschaft wird auch jene aufzurichten und auf den rechten Weg zu führen vermögen. Keiner soll den anderen belästigen; mag jeder das haben, was seine Seele verlangt, und es so halten. Die Gutgesinnten müssen aber überzeugt sein, daß allein diejenigen heilig und rein leben werden, die Du (sc. Gott) selbst rufst, in Deinen heiligen Gesetzen zu ruhen. Die sich aber dem entziehen wollen, sollen die Heiligtümer ihres Truges nach ihrem Willen haben; wir besitzen das strahlende Haus Deiner Wahrheit, das Du in Übereinstimmung mit der Natur gegeben hast. Dieses erbitten wir auch für jene, damit nämlich durch die gemeinsame Eintracht auch sie sich das erwerben, was sie begehren.*»[42]

Hat Konstantin sich in seiner politischen Praxis an diese selbst formulierten Maximen gehalten? Bereits einige Abschnitte bei Eusebius geben zu Zweifeln Anlaß. Im dritten Buch seiner Konstantin-Biographie (Eus. VC III 55,4) berichtet Eusebius von der Zerstörung des Aphrodite-Kultes im phönizischen (heute libanesischen) Aphaka aufgrund des kaiserlichen Befehls, «den ganzen Bau mit samt seinen Weihegeschenken von Grund auf zu zerstören». Nicht anders soll es dem Asklepios-Heiligtum im kilikischen (heute südtürkischen) Aigai ergangen sein: «*Das Angemessene tat da der Kaiser, der sich einzig an den eifernden Gott als den wahren Erlöser hielt, wenn er den Befehl gab, auch diesen Tempel dem Erdboden gleich zu machen.*»[43] Und im ebenfalls phönizischen Aphrodite-Tempel, dessen dort seit langem praktizierte Tempelprostitution die Empörung Eusebs erregte, beließ der Kaiser es laut seinem Hagiographen nicht bei einfacher Zerstörung, sondern «*auch hier ließ er wiederum seinen Worten die entsprechenden Taten folgen, indem er ebendort ein sehr großes Bethaus, eine Kirche, errichten ließ*».[44]

War Konstantins verbale Duldung also vor allem eine Beschwichtigungsstragegie, um nur um so ungestörter das Heidentum gewaltsam vernichten zu können? Ging er sogar so weit – wie etliche moderne Gelehrte glauben –, ein generelles Verbot paganer Opfer zu verhängen und somit faktisch das allen Reichsbewohnern schriftlich gegebene Wort zu brechen?[45] Die Antwort muß in aller Klarheit lauten: Ein allgemeines Verbot der heidnischen Kultpraxis hat es unter Konstantin nicht gegeben, wohl aber entschiedene Versuche, in Einzelfällen als besonders empörend empfundene Ausprägungen heidnischen Gebarens entschieden zu bekämpfen und notfalls zu vernichten. Dies scheint unsere schon mehrfach gemachte Beobachtung zu bestätigen, daß Konstantin, bei aller unzweifelhafter persönlicher Hinwendung zum Christentum, ein politischer Pragmatiker war und keinen dem Gemeinwohl gewiß abträglichen, radikalen antiheidnischen Kurswechsel nach 324 vollzogen hat.[46] Vielleicht aber sollte auch erneut an die Möglichkeit erinnert werden, daß für

Konstantin nicht unbedingt eine aus heutiger Sicht bisweilen zu sehr betonte, prinzipielle, schroffe Opposition zwischen dem Christentum einerseits und dem vielleicht gar nicht als uniform empfundenen Kanon herkömmlicher Kulte bestanden hat, mit anderen Worten: Nicht jede Form nichtchristlicher Kulte wird für Konstantin gleichbedeutend mit ‹Irrsinn› und ‹Aberglaube› gewesen sein.[47] So ging er zwar entschieden und konsequent gegen blutige Opfer und in seinen Augen allzu frevlerische Kultpraktiken vor, ließ aber unzählige Heiligtümer und Kultfeiern unangetastet, und in Einzelfällen pflegte er selbst sogar weiterhin persönliche Verbindungen zu ausgewählten traditionellen Gottheiten. Das gilt in erster Linie für die Siegesgöttin Victoria, die nicht nur ihren Platz auf dem Konstantinsbogen von 315 und auf dem christlich eingefärbten Ticinum-Medaillon von 315 erhielt (Abb. 1), sondern – nach einer sehr überzeugenden neuen Interpretation – wohl auch auf einem in Konstantinopel um 325 neuerrichteten Siegesmonument zum Gedenken an den Seesieg über Licinius von 324.[48] Und es gilt ebenfalls für den Sonnengott Sol, der noch im Jahre 325 in der konstantinischen Goldprägung als kaiserlicher Gefährte und Schutzpatron *(comes)* firmiert.[49]

Auch auf der Rezipientenseite hat man diese Strategie offenbar begriffen. So finden wir keinerlei Assoziationen des Kaisers Konstantin mit prominenten altrömischen Gottheiten wie Iupiter oder Mars, aber im pisidischen Termessos ist eine ursprünglich dem Sonnengott Helios errichtete Weihung offenbar nach 325 auf «Konstantin Augustus Helios» umgewidmet und der Kaiser selbst reitend mit Strahlenkrone statuarisch dargestellt worden.[50] Und im nordafrikanischen Leptis Magna zeichnete der Provinzstatthalter von Tripolitanien, Laenatius Romulus, für eine Konstantinstatue samt zugehöriger Dedikationsinschrift verantwortlich, die den Kaiser und seine göttliche Wirkungskraft (*numen*) in engste Nähe zum Sonnengott rückt.[51] Schließlich trug auch Konstantin weiterhin aktiv dazu bei, die von ihm einst selbst nachdrücklich auf Münzen und Inschriften propagierte und im Jahre 315 am Konstantinsbogen in Rom prominent ins Bild gesetzte Nähe zum Sonnengott nicht in Vergessenheit geraten zu lassen. Denn in Konstantinopel, seiner neuen ‹Kaiserstadt› (S. 136ff.), ließ er sich selbst an herausgehobener Stelle auf einer Porphyrsäule in einem kolossalen Standbild verherrlichen, dessen ikonographische Details aus byzantinischen Quellen bekannt sind. Konstantin trug in den Händen Globus und Lanze, sein Kopf war mit einem Strahlenkranz geschmückt, und möglicherweise rückte ihn die Dedikationsinschrift in enge Nähe zur strahlenden Sonne.[52] Wenn noch in einer Kirchengeschichte des 5. Jahrhunderts die kritische Bemerkung zu finden ist, selbst Christen würden in Konstantinopel vor diesem Säulenmonument Opfer darbringen und mit allerlei heiligem Budenzauber verehren,[53] so haben wir hier einen weiteren Beleg für die Affinitäten zwischen christlichem und solarem Monotheismus und für die Überlappungen, die auf diese Weise zwischen christlichem und heidnischem Denken existierten. Die bekanntlich weitverbreitete und in den biblischen Schriften immer wieder begegnende «Licht-Christologie»[54] erleichterte derlei fließende Übergänge, die auch dem Konstantin-Biographen Eusebius offenbar bewußt waren, wenn er schreibt:

«*So wie die Sonne über der Erde aufgeht und neidlos über allen die Strahlen ihres Lichtes verbreitet, gerade so ließ Konstantin, der zusammen mit der aufgehenden Sonne aus dem kaiserlichen Palast hervortrat, als ginge er zugleich mit dem Licht am Himmel auf, über alle, die vor sein Angesicht kamen, die Lichtstrahlen seiner ihm eigenen Güte leuchten.*»[55]

Mit einem unblutigen, monotheistisch ausgerichteten «geläuterten Heidentum»[56] scheute der christliche Kaiser Konstantin, der schließlich als *pontifex maximus* weiterhin formell für alle offiziellen Kulte auf Reichsboden zuständig war, keine Berührung, wie schließlich auch seine inschriftlich erhaltene Antwort auf den Wunsch der umbrischen Stadt Hispellum erhellt, die zwischen 333 und 335 die Erlaubnis zur Etablierung eines neuen Kultes für sein (kaiserliches) Flavisches Geschlecht begehrte. Konstantin konzedierte dies und damit auch den Bau eines neuen Tempels, freilich unter der Maßgabe, «daß der unserem Namen geweihte Tempel nicht durch den Trug eines ansteckenden Aberglaubens befleckt werde».[57] Er ließ also Kultspiele und Kultfeierlichkeiten zu, nicht aber den «Kaiserkult in seiner mit Opfern begangenen heidnischen Form».[58]

Konstantins Religionspolitik nach 324 erweist sich mithin als eine von politischer Rationalität gesteuerte Strategie der konsequenten, aber vorsichtigen Christianisierung, welche die dosierte Förderung einzelner paganer Kulte nicht ausschloß und aggressive antiheidnische Maßnahmen in Einzelfällen zwar zuließ, aber nicht systematisch betrieb. So konnten Städte wie das umbrische Hispellum zwar traditionelle Kulte und Festspiele pflegen, im Sinne des Kaisers war dies freilich nicht. Ganz anders verhielt es sich im Falle der phrygischen Siedlung Orkistos in Inneranatolien. Deren Vertreter erlangten von Konstantin mit einer Reihe von Argumenten die Zuerkennung des Stadtrechtes; als «Krönung» ihrer Vorzüge hebt Konstantin explizit hervor, «daß alle Einwohner ... Anhänger der verehrungswürdigsten Religion sind».[59]

Ein ähnliches Bild ergibt sich mit Blick auf die Personalpolitik Konstantins nach 324. Zwar behauptet Eusebius, auch auf diesem Feld habe sein christlicher Held nur im Sinne seines christlichen Glaubens gehandelt: «*Zuerst sandte er den in Provinzen eingeteilten Völkerschaften Statthalter, von denen die meisten den Glauben an den Erlöser angenommen hatten; denen, die noch das Heidentum zu bevorzugen schienen, wurde verboten, Opfer darzubringen. Dasselbe Gesetz galt auch für die über den Provinzstatthaltern rangierenden Würdenstellen, für die allerhöchsten Beamten, welche die Macht eines Präfekten erhalten hatten. Waren sie nämlich Christen, so gestattete er ihnen, sich dieses Namens zu rühmen; waren sie hingegen anders gesinnt, so gebot er ihnen, nicht den Götzen zu opfern.*»[60]

Doch wieder einmal entpuppt sich Eusebius hier als einseitig und tendenziös, denn die moderne personengeschichtliche Forschung läßt keinerlei Ausgrenzung heidnischer Amtsträger erkennen,[61] allenfalls eine Beeinträchtigung heidnischer Opferpraktiken im Rahmen magistratischen Handelns erscheint plausibel. Eine kürzlich publizierte, sehr gründlich recherchierte und umsichtig argumentierende Studie zur westlichen Aristokratie in konstantinischer Zeit führt zu der Erkenntnis, daß Konstantin zwar Christen in großer Zahl in die höheren Ämter und in den Senatorenstand befördert hat, die Altgläubigen, insbesondere die Angehörigen der hochangesehenen patrizischen Familien aber weiterhin angemessen berücksichtigte. So sind in den prominenten Funktionen der Prätorianerpräfekten (von Italien und Gallien), der Stadtpräfektur Roms und des Prokonsulats von Africa zwischen 313 und 337 sieben Christen, aber zwölf Heiden identifizierbar; von letzteren lassen sich allein neun alten aristokratischen Familien zuweisen.[62] Es zeichnet sich deutlich ab, daß wir auch auf diesem politischen Aktionsfeld den rational handelnden und kalkulierenden Christen Konstantin antreffen. Christen und Christliches werden unterstützt und gefördert, ohne jedoch einen politisch riskanten, prononciert antiheidnischen Kurs zu verfolgen. Und nicht anders sah es im militärischen Bereich aus. Zwar wird die christliche Standarte, das Labarum (S. 58f.), seit 324 stärkere Verbreitung erfahren haben, aber «alle Anzeichen deuten sogar darauf hin, daß die weit überwiegende Mehrheit in der Armee auch noch Jahrzehnte nach der Konstantinischen Wende nicht dem Christentum angehörte».[63]

Möglicherweise trieb den Kaiser Konstantin weniger die Frage um, wie es mit den Heiden weitergehen sollte, als die weiterhin unverändert anhaltenden innerchristlichen Auseinandersetzungen. Konstantin trat nun in der Öffentlichkeit vor allem als christlicher Kaiser auf, was sich auch in den wenigen erhaltenen Zeugnissen zeitgenössischer Dichtung und Publizistik spiegelt,[64] und als solcher mußte ihm, getreu seinen seit 312 vernehmbaren Maximen, in erster Linie an Eintracht und Harmonie innerhalb der christlichen Glaubensgemeinschaft gelegen sein. Doch die Wirklichkeit sah auch nach dem Konzil von Nicäa noch anders aus, und Konstantin selbst gab die nicänische, antiarianische Linie sukzessive auf, ja, er ließ sogar 327/28 den Wiedereintritt des Arius in die «katholische» Kirche zu.

Dieses Entgegenkommen führte unweigerlich zu verschärften Reaktionen der orthodoxen Nicäner, die in dem neuen, seit 328 amtierenden Bischof von Alexandria, Athanasius, einen wortgewaltigen und unerbittlichen Verfechter ihrer Sache gefunden hatten. Bis an sein Lebensende sollte Konstantin in die im Osten kontinuierlich von allen Beteiligten geschürten Streitigkeiten einbezogen bleiben,[65] in deren Zuge Athanasius ins Exil ins ferne Trier geschickt wurde. Etliche Synoden erbrachten bestenfalls kurzzeitigen Ausgleich und vorübergehende Beruhigung, darunter ein im bithynischen Nikomedia im Jahre 328 abgehaltenes Konzil. Wahrscheinlich bei dieser Gelegenheit hielt Konstantin seine «Rede an die Versammlung der Heiligen», die Eusebius als Anhang seiner «Vita Constantini» beigegeben hat.[66]

Man kann in dieser kaiserlichen Rede gewissermaßen das Selbstbekenntnis Konstantins, sein politisches und religiöses Credo sehen. Am Ende langer Jahre schließlich siegreich beendeter innerer Kriege resümiert Konstantin, es sei offenbar geworden, daß der eine Gott der Welt nur einen Herrscher gegeben habe, welcher wiederum den Glauben an den einen Gott und die Existenz der einen einigen Kirche befördern müsse. Der Polytheismus ist folglich in den Augen Konstantins so wahrheitswidrig wie die Mehrkaiserherrschaft widersinnig. Gottes segensreiches Wirken kulminiere in dem Wirken und Leiden Christi. Dieser rhetorische Gipfelpunkt entspricht dem Anlaß der Rede, nämlich dem Gedenken Christi am Karfreitag.

Das Selbst-, Glaubens- und Weltbild, welches Konstantin in dieser Rede entwirft, harmoniert mit seinen übrigen, vor allem in der eusebianischen «Vita Constantini» überlieferten Verlautbarungen, zum Teil bis in die Wortwahl hinein. Es paßt im wesentlichen, d.h. mit Blick auf die christlichen Zielsetzungen, auch zum Rechtshandeln des Gesetzgebers Konstantin nach 324, selbst wenn Eusebius in seiner summarischen Aufzählung dieses Teils kaiserlicher Regierungspraxis weit zu übertreiben scheint (Eus. VC IV 25,1):

«*So war es ganz natürlich, daß er in aufeinander folgenden Gesetzen und Anordnungen allen gebot, nicht den Götzen zu opfern, nicht Wahrsagerei zu treiben, nicht Götzenbilder aufzustellen, nicht heimlich Kultfeiern zu veranstalten oder mit blutigem Frevel von Gladiatorenkämpfen die Städte zu beflecken.*»

Eusebius leitet diese Haltung aus dem Selbstverständnis Konstantins als einer Art ungetaufter Weltbischof ab, welches er dem Kaiser in einem vielzitierten Satz in den Mund legt (Eus. VC IV 24):

«*So war es ganz natürlich, daß er* (sc. Konstantin)*, als er einmal Bischöfe gastlich bewirtete, die Bemerkung fallen ließ, auch er sei ein Bischof, und, wie wir selbst hörten, ungefähr so zu ihnen sagte: ‹Ihr seid Bischöfe derer, die sich innerhalb des Bereiches der Kirche befinden, ich aber bin wohl von Gott zum Bischof über diejenigen bestellt worden, die sich außerhalb befinden.› In Übereinstimmung mit diesem Diktum war seine Gesinnung, und er übte bischöfliche Aufsicht über alle Untertanen aus und trieb sie dazu an, soweit es in seiner Macht stand, ein gottgefälliges Leben zu führen.*»

Zweifelsohne repräsentierten die Bischöfe in den Augen Konstantins in ihrer Summe gewissermaßen das göttlich gelenkte und legitimierte Wirken des christlichen *summus deus,* des höchsten Gottes, auf Erden, und so war es nur folgerichtig, daß sich der Kaiser selbst, obwohl ungetauft, in den Kategorien eines Bischofs definierte, da er auch seine Rolle als ein von Gott Beauftragter verstand. Und ebenso folgerichtig billigte er den Bischöfen eine herausragende Funktion über den rein kirchlichen Sektor hinaus zu. So erneuert und bekräftigt er in einem großen Erlaß vom Mai 333 denn auch die

«Heiligkeit und Ehrwürdigkeit» der bischöflichen Urteilssprüche.[67] In einem Rechtsstreit, so das kaiserliche Gebot, solle auch dann das Bischofsgericht zuständig sein, wenn nur eine streitende Partei sich an es wende, und vor allem sollten die bischöflichen Urteile abschließend gültig bleiben, also nicht mehr durch Appellation und weitere Instanzen korrigierbar sein. Von besonderer Bedeutung ist dabei, daß hier nun einmal die ausführliche kaiserliche Begründung erhalten ist. Laut dieser besitzt die Rechtsprechung des Bischofs nämlich «die Autorität der heiligen Religion» *(sacrosanctae religionis auctoritas)*.

Die Förderung und Aufwertung der Bischofsfunktion war elementarer Bestandteil der Christianisierungspolitik Konstantins. Letztere erstreckt sich sogar auch auf den außenpolitischen Bereich, wie Konstantins Brief an den persischen König Shapur beweist, in welchem er sich als Patron der im Perserreich lebenden Christen versteht (Eus. VC IV 9–13). Unabdingbare Voraussetzungen für die Beanspruchung und Wahrnehmung einer derartigen Rolle des Kaisers auch jenseits der Reichsgrenzen waren freilich Macht und Einfluß, und diese wiederum beruhten auf einem traditionellen, an alle römischen Kaiser von jeher gerichteten Anspruch: stets siegreich zu sein.

Victor ac triumphator: *Konstantins Außenpolitik*

Die programmatische Aufnahme des «*victor*»-Titels in die Kaisertitulatur seit 324 durch Konstantin dokumentiert seinen Anspruch, als permanenter Sieger das Reichsganze zu bewahren oder gegebenenfalls die Reichsgrenzen noch auszudehnen. Die inneren Verhältnisse im Imperium Romanum waren – abgesehen von der Episode des blutigen Familienskandals im Jahr 326 und den andauernden innerchristlichen Auseinandersetzungen um die wahre Lehre – weitgehend geordnet, die dynastische Schwächung schien dadurch kompensiert, daß Konstantins Mutter Helena (S. 145ff.) seit Ende 324 offiziell als Augusta, also als Kaiserin mit eigenem Bildnis- und Münzrecht, amtierte (wodurch der ‹Ausfall› von Fausta als Augusta abgemildert wurde) und mit Faustas drei leiblichen Söhnen die Nachfolgefrage auch ohne Crispus keine schwerwiegenden Probleme aufwerfen sollte.

Somit konnte Konstantin sein künftiges Augenmerk auf die äußeren Gegner richten, um «die propagierte Verknüpfung von permanenter Sieghaftigkeit und Christusglauben zu illustrieren».[68] Wo diese Feinde saßen, berichtet Eusebius:

«*Was soll ich aber nebenbei erwähnen, daß er* (sc. Konstantin) *die Stämme der Barbaren der römischen Herrschaft unterworfen, daß er die Völker der Skythen (sc. Goten) und Sarmaten, die bis dahin noch keinen Herrn gekannt hatten, zuerst unter das Joch gebeugt und genötigt hat, auch wider Willen die Römer als ihre Herren anzuerkennen? Den Skythen (*sc. Goten*) hatten ja sogar die früheren Kaiser einen Tribut gezahlt, und die Römer hatten so durch ihre jährlichen Abgaben tatsächlich den Barbaren gedient. Eine derartige Haltung war aber dem Kaiser nicht erträglich, noch auch schien es dem Sieger rühmlich, in gleicher Weise wie seine Vorgänger die Abgaben zu zahlen; im Vertrauen auf seinen Erlöser erhob er das siegreiche Zeichen auch gegen diese, und in kurzer Zeit hatte er sie alle unterworfen, indem er teils die Widerspenstigen mit Heeresgewalt bezwang, teils, was noch übrig war, durch kluge Unterhandlungen gewann, und er brachte sie aus ihrem gesetzlosen und tierischen Leben zu einer vernünftigen und gesetzmäßigen Ordnung.*»[69]

Unter den «Barbaren» versteht Eusebius Goten und Sarmaten, welch letztere seit 322 mit Rom vertraglich verbunden waren. Der Donauraum ist also der wesentliche militärische Aktionsraum Konstantins seit 324, während sich in den ebenfalls prekären Rheinregionen seine Offiziere und gelegentlich seine Söhne um Ruhe und Ordnung bemühten. Zur Sicherung der Donaugrenze unternahm Konstantin energische Anstrengungen und setzte neue, aufwendige Befestigungsanlagen ins Werk, deren Höhepunkt die in der konstantinischen Münzprägung gepriesene Brücke bei dem Legionslager Oescus (im heutigen nordwestlichen Bulgarien) über die Donau bildete. Damit verfolgte Konstantin das klare Ziel, auch nördlich der Donau römische Herrschaft zu demonstrieren oder gar zu etablieren, und dies führte zu Auseinandersetzungen mit den dort (um Sucidava) siedelnden Taifalen und den im weiteren Donauraum inzwischen beheimateten Goten. Offenbar verliefen nicht alle militärischen Aktionen erfolgreich, und eine wohl eher ephemere Niederlage gegen die Taifalen im Jahre 328 griff der heidnische Konstantinkritiker Zosimus um das Jahr 500 begierig auf und stilisierte diese ‹Schmach› zum Wendepunkt konstantinischer Außenpolitik.[70]

Die Wirklichkeit hingegen sah entschieden freundlicher für Konstantin aus, als es Zosimus suggeriert. Nach allem, was sich aus den verstreuten Quellen als zuverlässige Informationen gewinnen läßt, gelangen Konstantin noch 328 die durchgängige Sicherung der Donaugrenze und diverse militärische Erfolge gegen gotische Kontingente, was möglicherweise noch 328 zur Begründung von ‹Gotenspielen› *(ludi Gothici)* führte, die im weiteren Verlauf des 4. Jahrhunderts n. Chr. regelmäßig in Rom begangen wurden.[71]

Etwa seit 330 begegnet in den Inschriften Konstantins die neue Formel «*victor ac triumphator*», «Sieger und Triumphator», mit der die konstantinischen Donauunternehmungen glorifiziert wurden.[72] In den Folgejahren bedurfte es jedoch erneuter militärischer Interventionen, ausgelöst durch Gotenüberfälle auf die Sarmaten, denen Konstantin aufgrund der Abmachungen von 322 Beistand leisten mußte:

«*Anschließend nahm er den Krieg gegen die Goten auf und brachte den Sarmaten auf ihre Bitten hin Hilfe. So wurden durch den Caesar Constantinus sowie durch Hunger und Kälte fast 100 000 Menschen vernichtet. Er erhielt daraufhin Geiseln, unter denen sich auch der Sohn des Königs Ariaricus befand.*»[73]

Nach dem römischen Sieg, der gewiß weniger Opfer forderte, als die unrealistische Zahlenangabe in der «Origo Constantini» glauben machen möchte, wurde den Goten, genauer: den gotischen Tervingen, in einem Friedensvertrag die Pflicht auferlegt, künftig im Bedarfsfall den Römern Waffenhilfe zu gewähren. Entgegen vielfach in der modernen Forschung vertretenen Auffassungen wurden sie jedoch nicht zu privilegierten Bedingungen in das Imperium Romanum aufgenommen – der Typus des reichsangehörigen Föderaten, das heißt des auf römischem Boden siedelnden und mit partieller innerer Autonomie versehenen Nicht-Römers, ist erst im Jahre 382 mit dem Gotenvertrag Theodosius des Großen geschaffen worden.[74]

Auch die Sarmaten, die 334 Aufnahme bei Konstantin fanden, erfreuten sich noch keineswegs der bevorzugten Lebensbedingungen dieser späteren, reichsangehörigen Bundesgenossen. Konstantin verhielt sich dabei vielmehr als lachender Dritter und nutzte interne Konflikte bei den Sarmaten, um diese endgültig als potentielle Gegner der Römer auszuschalten und zugleich die eigenen Truppen aufzufüllen, denn «*die brauchbaren Leute ordnete er in seine eigenen Truppen ein, den anderen wies er als Lebensunterhalt Ländereien zur Bebauung zu, so daß die Sarmaten zugaben, aus dem Unglück sei ihnen ein Glück entstanden, da sie sich nun der römischen Freiheit statt barbarischer Wildheit erfreuten*».[75]

Als «Sieger und Triumphator» konnte Konstantin nun in der Tat nahezu als unumschränkter Weltherrscher gelten, wäre da nicht im Osten noch das Perserreich gewesen, mit dem die römischen Kaiser seit Jahrhunderten spannungsreiche Beziehungen verbanden.[76] Zuletzt hatte in dem Friedensvertrag von 298 Diokletian mit großem Erfolg römische Interessen auf Kosten des persischen Großkönigs durchsetzen können,[77] und offenbar scheute sich nun auch Konstantin nicht, die inzwischen christlich-römischen Interessen in einer Weise zu vertreten, welche persischen Widerstand erzeugen mußte. Denn Konstantin machte sich laut Eusebius zum Patron der unter persischer Suprematie lebenden Christen und griff mit seinem von Eusebius im Wortlaut überlieferten Schreiben an den persischen König Shapur II. direkt in die innerpersischen Belange ein.[78] Anscheinend hat Konstantin in seinen letzten Lebensjahren zielstrebig und längerfristig das Unternehmen eines neuen großen Perserzuges verfolgt (S. 156ff.), denn im Jahre 335 machte er seinen Neffen und Schwiegersohn Hannibalianus im Zuge seiner damals getroffenen Nachfolgeregelungen (S. 150ff.) zum römischen Statthalter im Königsrang über Armenien und angrenzende Gebiete, also in der Region, die seit jeher zwischen Römern und Persern für besondere Konflikte gesorgt hatte. Auch Eusebius läßt erkennen, daß Konstantin die treibende Kraft bei dem sich anbahnenden Krieg war, denn er berichtet, «daß der Kaiser um diese Zeit, als er von einer Aufstandsbewegung der Barbaren des Ostens hörte, mit der Bemerkung, daß ihm der Sieg über diese Feinde noch fehle, zum Zuge gegen die Perser aufgebrochen ist».[79] Mit diesen unmittelbaren Vorbereitungen zum Perserzug sind wir bereits im Jahre 337 angekommen, dem Todesjahr Konstantins, und müssen zunächst noch einmal innehalten, um den Ausgangspunkt für Konstantins Persienexpedition näher in Augenschein zu nehmen, «die Stadt, die seinen Namen trug»:[80] Konstantinopel.

Das ‹zweite Rom›? Konstantinopel

Die Gründung Konstantinopels steht im engsten Zusammenhang mit der Sieghaftigkeit Konstantins. Ob er bereits aufgrund seines Sieges gegen Licinius bei Chrysopolis im Jahr 324 die Absicht verfolgte, Byzantium «aufgrund der Kennzeichnung seines Sieges» in Konstantinopel umzubenennen,[81] oder ob er, wie es im 5. Jahrhundert nach

Christus der Kirchenhistoriker Sozomenos will, beabsichtigte, wegen seiner Erfolge gegen die Barbaren eine seinen Namen tragende Stadt zu gründen,[82] ist von sekundärer Bedeutung, auch wenn die erstgenannte Begründung wohl eher zutreffen dürfte. Entscheidend ist jedenfalls die Tatsache, daß Konstantinopel zunächst und vor allem ein Siegesmonument darstellt und daher auch ein mit der Siegesgöttin bekröntes Schiffsdenkmal an zentraler Stelle in Konstantinopel errichtet wird und die Erinnerung an den glanzvollen Sieg von Chrysopolis bewahrt.[83] Sozomenos fügt freilich noch einen zweiten Aspekt an: Konstantinopel habe nach dem Willen des Kaisers «mit Rom gleichrangig» sein sollen,[84] und auch der altgläubige Zosimus weiß von Konstantins Wunsch nach einer Stadt zu berichten, «die Rom die Waagschale hielt».[85] Eusebius schließlich hebt einen dritten Punkt hervor – die Rolle Konstantinopels als christliche Kaiserstadt:[86]

«*Mit außerordentlicher Ehrung würdigte er* (sc. Konstantin) *die Stadt, die seinen Namen trug; er schmückte sie mit etlichen Bethäusern, mit sehr großen Märtyrerkirchen und mit herrlichen Gebäuden, teils in den Vororten, teils in der Stadt selbst. Durch diese ehrte er zugleich sowohl das Andenken der Märtyrer als auch weihte er seine Stadt dem Gott der Märtyrer.*»

Wollte Konstantin also ein zweites oder gar neues Rom, welches das alte Rom würde verdrängen sollen, schaffen, und dazu ein durchweg christliches, das schließlich auch noch die (realiter dem alten Rom schon nahezu abhanden gekommene) Funktion der ersten und wichtigsten Residenzstadt, ja der Hauptstadt, übernehmen sollte? Unabdingbar ist es vor allem, bei dem Versuch, diese Fragen wenigstens annähernd zu beantworten, strikt zwischen Zeugnissen und Belegen aus der Zeit bis zum Tode Konstantins im Jahre 337 (oder kurz danach) und späteren Einschätzungen und Berichten zu unterscheiden. So dichtet bereits nach der Mitte des 4. Jhs. n. Chr. der Kirchenvater Gregor von Nazianz:

«Priester, die ihr unblutige Opfer darbringt der großen Einheit in der Dreiheit;
oh Gesetze und frömmste Kaiser, glorreiche Kapitale du des großen Konstantin;
junges Rom, das alle übrigen Städte überragt, so wie der gestirnte Himmel unsere Erde überdeckt . . .»[87]

Dieses poetische Elogium auf Konstantinopel mag hier für etliche andere, gleich- oder ähnlich lautende Stimmen stehen, denn für sie alle gilt: Sie sind *post festum* entstanden, sie vollziehen oder formulieren, was in den 330er Jahren noch im Werden war, denn ohne Zweifel ist Konstantinopel im Jahre 337 noch eine große Baustelle gewesen, die erst in den folgenden Jahrzehnten ihre Fertigstellung erlebt und ihre neue Rolle gefunden hat, dann freilich gemäß den Wünschen und Vorstellungen der nun jeweils tonangebenden Herren, d.h. der Nachfolger des Kaisers Konstantin. Was aber wissen und erfahren wir über die konzeptionellen Grundlinien vor und bis 337? Aufschlußreich sind hier zunächst zwischen 326 und 335 geprägte Münzen aus der neuen kaiserlichen Münzstätte Konstantinopel, welche auf den Vorderseiten nahezu identische Darstellungen der personifizierten Urbs Roma, der Stadt Rom, und der Constantinopolis, der Stadt Konstantinopel, bieten. «In der Sprache der Münzbilder heißt dies, daß die beiden Frauengestalten im Rang völlig gleichgestellt sind»[88] und «daß Constantin seine neu gegründete Stadt der Urbs Roma parallel gestellt sehen will».[89] Prinzipielle Gleichrangigkeit ist freilich nicht gleichbedeutend mit Gleichwertigkeit oder gar Gleichartigkeit, und so sind trotz des numismatischen Befundes deutliche, von Konstantin zweifellos gewollte Unterschiede zwischen Rom und Konstantinopel zu benennen:[90]

Mit dem neu in Konstantinopel eingerichteten Senat – nur auf den ersten Blick ein Indiz für die Angleichung Konstantinopels an Rom – schuf Konstantin nämlich ein «zweitrangiges» Gremium,[91] dessen Mitglieder nicht das den stadtrömischen Senatoren eignende superlativische Rangprädikat «*clarissimus*» führten, sondern nur als «*clari*» tituliert wurden. Überdies fehlte in der neuen Kaiserstadt mit den Präturen eine der traditionsreichsten und hervorragendsten stadtrömischen Magistraturen, und schließlich amtierte in Konstantinopel als leitender Vertreter der kaiserlichen Macht nicht, wie in Rom, ein Stadtpräfekt *(praefectus urbi)*, sondern ein *proconsul*.

Auf der anderen Seite läßt sich freilich nicht in Abrede stellen, daß Konstantinopel weit mehr war als nur eine weitere neue kaiserliche Residenzstadt, welche zu der Vielzahl der bereits in tetrarchischer Zeit geschaffenen kaiserlichen Zentralorte hinzugekommen war. Schon die Dimensionen des urbanistischen Konzeptes sprengten den Rahmen aller vergleichbaren Städte, denn Konstantin hat ein monumentales Erweiterungs- und Neubaukonzept im alten Byzantium ins Werk gesetzt, dessen Grundlinien und wesentliche Einzelelemente trotz der Zerstörungen und modernen Überbauungen im heutigen Istanbul noch archäologisch faßbar bzw. mit Hilfe der zahlreichen spätantiken und byzantinischen Schriftquellen rekonstruierbar sind.[92]

Um 500 verfaßt der wahrlich nicht konstantinfreundliche Heide Zosimus einen knappen Bericht über Konstantins Bauaktivitäten in Konstantinopel, welcher der Kaiser im übrigen «die Dimension einer ganz riesenhaften Stadt» gegeben habe, in welche «von allen Seiten der Erde Leute herbeiströmten»:[93]

«*Voll Bewunderung für die Lage der Stadt* (sc. Byzantium) *entschloß er* (sc. Konstantin) *sich, die Siedlung möglichst zu erweitern und ihr die Ausdehnung zu geben, wie sie einer kaiserlichen Residenz entsprach. Liegt doch die Stadt auf einer Anhöhe und bedeckt einen Teil der Landzunge, die durch das sogenannte (Goldene) Horn und die Propontis gebildet wird ... Konstantin legte ... ein kreisförmiges Forum an, das von doppelgeschossigen Säulenhallen umgeben war, und schuf, einander gegenüberstehend, zwei riesige, gewölbte Durchgänge aus prokonnesischem Marmor, durch die man die severianischen Säulenhallen betreten und in die Altstadt hinausgehen kann. Er wollte aber auch die*

Stadt erheblich vergrößern und umgab sie daher in einem Abstand von 15 Stadien über die frühere Mauer hinaus mit einer neuen Mauer, welche den gesamten Isthmus von einem Meer zum anderen abriegelte. Auf diese Weise erweiterte Konstantin die Stadt gegenüber ihrer bisherigen Ausdehnung um ein sehr beträchtliches Stück und erbaute auch eine kaiserliche Residenz, die jener in Rom nicht viel nachstand. Ebenso schmückte er den Hippodrom wunderschön aus, indem er das Heiligtum der Dioskuren darin einbezog, deren Bildnisse man auch heute noch auf den Säulenhallen des Hippodroms stehend sehen kann ... Es gibt auch ein sehr großes Forum, das auf vier Seiten von Säulenhallen umschlossen ist. Am äußersten Ende einer dieser Säulenhallen, zu der nicht wenige Stufen emporführen, ließ Konstantin zwei Heiligtümer erbauen und darinnen Statuen aufstellen. In einem der beiden findet sich das Bildwerk der Göttermutter Rhea, das Iasons Reisegefährten auf dem Berge Dindymos, welcher die Stadt Kyzikos überragt, einstmals errichteten ... Im anderen Tempel brachte Konstantin eine Fortuna aus Rom zur Aufstellung.»[94]

Diese Beschreibung des Zosimus umfaßt mit Ausnahme der komplett unterschlagenen Kirchenbauten tatsächlich den Großteil der konstantinischen Anlagen in seiner neuen, am 11. Mai 330 feierlich eingeweihten und nach ihm benannten Stadt. Neben der neuen, das städtische Siedlungsareal beträchtlich vergrößernden Stadtmauer ist zuvörderst das runde Konstantinsforum zu nennen.[95] Die von zweistöckigen Arkaden eingefaßte, gepflasterte Platzanlage wies zwei marmorne Torbauten an der West- und Ostseite auf und bot einem Senatsgebäude und einer großen Brunnenanlage Raum. Das alles dominierende Monument war aber die heute noch in Resten vorhandene, genau im Zentrum des Forums plazierte Porphyrsäule mit der Konstantinstatue aus vergoldeter Bronze als Bekrönung. Der wohl in heroisch-göttlicher Nacktheit dargestellte Kaiser scheint eine Lanze und ein Kreuzzepter gehalten und auf dem Kopf eine Strahlenkrone getragen zu haben. Ob bereits «durch diese Attribute eindeutig erwiesen ist, daß sich Konstantin hier als Helios stilisieren ließ»,[96] bleibe

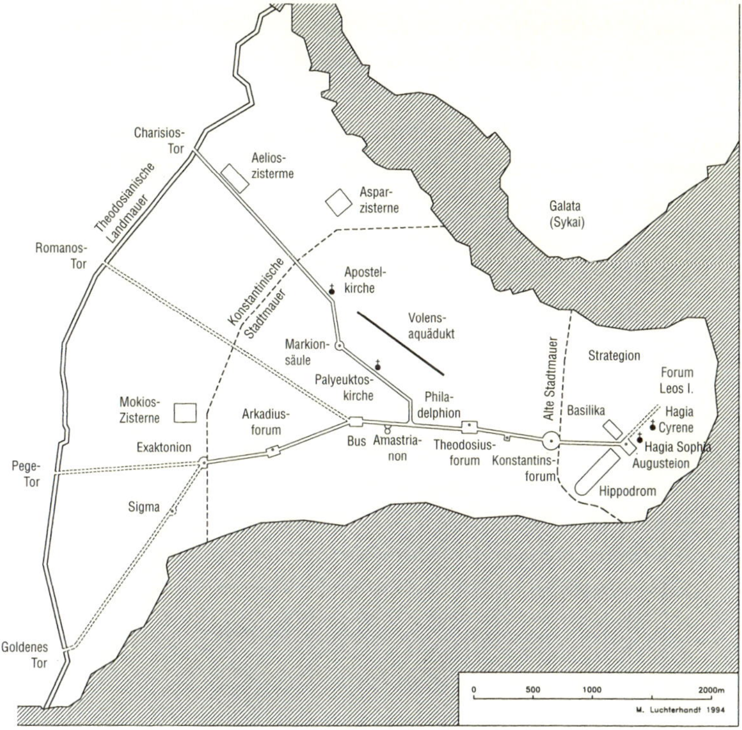

Abb. 17: Plan von Konstantinopel

in dieser Zuspitzung dahingestellt, auf jeden Fall zeugt die ganz auf die quasi göttliche Überhöhung des Weltenlenkers Konstantin zielende Säule erneut von der für Konstantin so signifikanten Mischung solarer, monotheistisch-christlicher, aber durchaus auch traditioneller Elemente. Spätere Quellen überliefern – leider voneinander abweichende – Versionen einer ursprünglich eingemeißelten Widmungsinschrift, deren vertrauenswürdigste Variante lautet: «Für Konstantin, der leuchtet wie die Sonne»,[97] und im 5. Jahrhundert nach Christus moniert der christlich-arianische Kirchenhistoriker Philostorg, daß sogar Christen vor dieser Säule geradezu pagan anmutende Opferhandlungen verrichteten, was zumindest zu dem äußeren Erscheinungsbild dieses Kolossaldenkmals durchaus zu passen schien.[98]

Auch die übrige statuarische Ausstattung des Konstantinsforums scheint sowohl herkömmliche als auch neue, christliche Motive miteinander verbunden zu haben.[99] So befanden sich dort vergoldete Statuen Konstantins und seiner Söhne sowie Konstantins und seiner Mutter Helena, die beide gemeinsam ein Kreuz hielten, aber auch eine ganze Reihe älterer, von Konstantin aus anderen Teilen des Reiches in seine neue Residenzstadt verbrachter Bildwerke, darunter Statuen geflügelter Siegesgöttinen (Niken), der Athena und der Aphrodite. Der Kirchenvater Hieronymus traf offenbar im Kern das Richtige, als er im späteren 4. Jahrhundert nach Christus übertreibend feststellte, daß Konstantinopel durch die Ausplünderung sehr vieler Städte errichtet wurde.[100]

Der zentrale neue, konstantinische Platz im alten Stadtareal von Byzantium, das Augusteion,[101] entstand wahrscheinlich unter Einschluß der ehemaligen Agora – des großen Hauptplatzes – von Byzantium. An seinem Ostrand dürfte das schon erwähnte Schiffsmonument mit der Siegesgöttin, das Denkmal des Seesieges von Chrysopolis im Jahre 324, aufgestellt gewesen sein.[102] Umgeben wurde diese Platzanlage, in deren Mittelpunkt sich möglicherweise eine Ehrensäule der Helena befand,[103] von einem wohl erst in julianischer Zeit (Anfang der 360er Jahre) eingeweihten, zweiten Senatsgebäude, der – vielleicht schon unter Konstantin begonnenen – Kirche der Hagia Sophia, einer von Konstantin renovierten Thermenanlage (den Zeuxippos-Thermen) und der Basilika. Wahrscheinlich ist es diese Basilika, die Zosimus als «das auf vier Seiten von Säulenhallen umschlossene», große Forum bezeichnet (2,31,2), in dessen unmittelbarer Nähe die ebenfalls von Zosimus erwähnten, auf Konstantins Initiative erbauten oder zumindest restaurierten Heiligtümer der Rhea und der Tyche zu lokalisieren sind.

Südlich des Augusteions befanden sich der heute kaum noch näher beschreibbare neue Kaiserpalast und der erst von Konstantin vollendete, bereits in severischer Zeit (Ende 2./Anfang 3. Jahrhundert nach Christus) begonnene Hippodrom von gewaltigen Ausmaßen (mit ca. 420 bis 440 Meter Länge und ca. 117 bis 125 Meter Breite),[104] was an das stadtrömische Nebeneinander von Palatin (mit den Kaiserpalästen) und Circus Maximus erinnert. Auch im Hippodrom ließ Konstantin prominente, vor allem aus Griechenland importierte Kunstwerke aufstellen, wie die berühmte Schlangensäule aus Delphi (die Weihung der Griechen für den gemeinsam erfochtenen Sieg über die Perser 479 vor Christus) und den Herakles des Lysipp. Ebenfalls konstantinisch sind schließlich das Milion, welches das Gegenstück zum stadtrömischen «goldenen Meilenstein» des Augustus auf dem Forum Romanum bildete, und das an der Hauptstraße, der Mese, gelegene Philadelphion, welches geschmückt war mit Statuen Konstantins und weiterer Mitglieder der kaiserlichen Familie.[105]

Zwei klare Erkenntnisse bietet bereits dieser kursorische Überblick über Konstantins neue Stadt. Erstens orientiert sich Konstantinopel deutlich am Vorbild Roms, ohne daß letzterem aber damit der Rang als ideelles Zentrum des Imperium Romanum aberkannt wird. Und zweitens steht Konstantin als siegreicher Kosmokrator im Focus des baulichen und ideologischen Programms der Stadt, die nach altheidnischem Ritus ‹umfurcht› und am 11. Mai 330 unter Mitwirkung paganer Kultpriester mit einer großen Prozession feierlich eingeweiht wurde, die mutmaßlich vom Philadelphion zum neuen Konstantinsforum führte.[106]

Nach dem bisher Gesagten scheint es unangebracht, eine «offenbar betont christliche Gründung der neuen Kaiserresidenz Konstantinopel» anzunehmen,[107] auch wenn der Konstantinbiograph Eusebius anderes behauptet:[108]

«*Vollends beseelt von der Weisheit Gottes erachtete er* (sc. Konstantin) *es für recht, diejenige Stadt von allem Götzendienst zu rei-*

nigen, der er seinen Namen zu geben beschlossen hatte. So zeigten sich in ihr nirgendwo mehr Bilder der angeblichen Götter, die in den Tempeln verehrt werden, aber auch Altäre gab es nicht mehr, die mit unreinem Blut befleckt waren, keine Brandopfer wurden dargebracht, nicht Feste zu Ehren der Götzen gefeiert noch sonst irgendeine von den abergläubischen Gewohnheiten der Heiden beobachtet.»

Gewiß hat Konstantin deutliche christliche Akzente in Konstantinopel gesetzt, in der Stadt, die, wie er in einem Gesetz von 334 verkündet, «wir auf Gottes Befehl mit einem ewigen Namen beschenkt haben».[109] Zwar lassen sich die Kirchenbauaktivitäten Konstantins kaum noch angemessen beurteilen, doch hat er mit der Bischofskirche (Hagia Eirene), dem (vielleicht schon ihm zuzurechnenden) Beginn des Baues der Hagia Sophia sowie seinem noch näher zu erörternden (S. 165f.), wohl christlich orientierten Mausoleum sowie der Verwendung christlicher Symbole der Stadt ein durchaus christliches Gepräge verliehen, ohne allerdings – und dies ist mit Nachdruck hervorzuheben – traditionelle, pagane Bauten und Kunstwerke aus dem Stadtbild zu eliminieren. Erst seine Nachfolger Constantius II., Theodosius (I.) der Große und Arcadius haben aus der konstantinischen Kaiserstadt ein christliches ‹zweites Rom› gemacht. Konstantin selbst hingegen hat mit Konstantinopel vor allem eine monumentale Bühne für seine ambitionierte Selbstdarstellung und für die Entfaltung seiner kaiserlichen Herrlichkeit geschaffen.[110] Als sonnengleicher Herrscher erhob er sich auf seiner fast fünfzig Meter hohen Porphyrsäule nicht nur über alle Zeitgenossen, sondern auch über alle kaiserlichen Vorgänger, denn die großen Siegessäulen für Trajan und Mark Aurel in Rom maßen jeweils nur etwa 40 Meter in der Höhe. Auf dem großen neuen Boulevard (Mese) inszenierte er Prozessionen, in seiner kaiserlichen Aula fand die Herrscherverehrung statt, zu der weiterhin die Proskynese gehörte. Räumte der alles und alle überstrahlende Kaiser in ‹seiner› Stadt überhaupt noch anderen Personen eine öffentliche Rolle und Möglichkeiten der öffentlichen Präsentation ein? Neben seinen Söhnen und präsumtiven Nachfolgern scheint Konstantin dies im wesentlichen nur noch einer Person zumindest in gewissem Rahmen konzediert zu haben: seiner Mutter.

Helena Augusta

Auf dem archäologisch heute kaum noch erkennbaren, sogenannten Augusteion – einer Platzanlage, welche wahrscheinlich an die Stelle der früheren Agora (von Byzantium) getreten war – scheint sich nach Ausweis späterer literarischer Quellen eine noch in konstantinischer Zeit errichtete Ehrensäule der Mutter des Kaisers, Helena, befunden zu haben.[111] Daß der Kaiser seiner auf sein eigenes Geheiß ermordeten Frau Fausta, die noch kurze Zeit vor ihrem Tode zur Augusta erhoben worden war, keine statuarischen Erinnerungsmonumente dedizierte, wird kaum überraschen; aber immerhin gab es ja noch eine zweite (wenn auch nur nominelle) ‹Mitkaiserin› – eben die mit Fausta gleichzeitig zur Augusta beförderte Helena.

Helena, um das Jahr 250 geboren, nach glaubwürdiger antiker Überlieferung von niedrigster sozialer Herkunft und in ihrer Verbindung zu Constantius (I.) Chlorus wohl niemals über den Status einer Konkubine hinausgelangt, trat offenbar erst in ihrem letzten Lebensabschnitt in das Licht der Öffentlichkeit. Vorher war sie für Konstantin, der sich auch in familienpolitischer Hinsicht stets als konsequenter Pragmatiker erweist, anscheinend ohne Nutzen gewesen, und dementsprechend spielt sie in der zeitgenössischen Überlieferung bis in die 320er Jahre – bezeichnenderweise auch in der ‹Kirchengeschichte› des Eusebius – überhaupt keine Rolle. Über die Gründe für diese jahrzehntelange Vernachlässigung beziehungsweise Ausgrenzung lassen sich nur Vermutungen anstellen. Neben den fehlenden politischen Anreizen für Konstantin, seiner Mutter eine offizielle Funktion und öffentliches Prestige zukommen zu lassen, dürfte auch die soziale und rechtliche Inferiorität Helenas dafür verantwortlich zu machen sein, denn schließlich mußte Konstantin «als Frucht einer Verbindung erscheinen, die man als Gelegenheitsprostitution bezeichnen» kann.[112] Erst spät im Jahr 324 tauchte die greise Kaisermutter «gleichsam aus dem Nichts auf und wurde erstmals der Öffentlichkeit präsentiert»,[113] auf Münzen wie auf Inschriften. Folgerichtig berücksichtigt auch Eusebius erst in seiner «Vita Constantini» die hochbetagte Augusta, gemäß seiner offen ausgesprochenen Leitlinie, alles zu übergehen, was nicht in seine (idealisierende, hagiographische) Konzeption paßt. Er wolle nämlich, so Eusebius, nur von dem reden und schreiben, was sich auf Konstantins «gottgefälliges Leben bezieht», alles übrige könne beiseite gelassen werden. «*Da aber auch so der Stoff endlos ist, will ich nur das Zweckdienlichste und für die Nachwelt Denkwürdigste von dem auswählen, was auf uns gekommen ist, und auch von diesem nur eine möglichst gedrängte Darstellung geben.*»[114] Zu dieser selektiven und explizit tendenziösen Nachrichtenauswahl und Berichterstattung gehört es, daß Eusebius seine Biographie nicht etwa, wie man hätte erwarten können, mit der Geburt, sondern «mit dem frühesten Jugendalter unseres Helden» beginnen läßt.[115] Die wenig prominente Herkunft Konstantins und die niedrige soziale Rangstellung seiner Mutter können demnach verschwiegen werden, und Helena wird erst in sein Werk eingeführt, als sie gewissermaßen ‹vorzeigbar› war.

Wo und wie Helena bis dahin ihr Leben verbracht hatte, entzieht sich denn auch unserer Kenntnis. Die von Konstantin erst zur Zeit seiner Alleinherrschaft vorgenommene Umbenennung der bithynischen Stadt Drepanon in Helenopolis bietet weder einen substantiellen Hinweis auf ihren Geburts- noch auf ihren bevorzugten Aufenthaltsort. Vielmehr erklärt sich der Namenswechsel wohl mit Helenas besonderer Verehrung des Lukian von Antiochia, der den Märtyrertod erlitten hatte und in Drepanon bestattet worden war.[116]

Allein ihrer ausgeprägten Frömmigkeit und Hingabe an das Christentum verdankt Helena ihre späte Prominenz. Eusebius preist sie in seiner Konstantinbiographie (Eus. VC III 41–45) als Stifterin und Förderin von Kirchenbauten im Heiligen Land, das sie in ihren letzten Lebensjahren (zwischen 326 und 329/30?) bereiste. Kirchen in Jerusalem und Bethlehem verbinden sich mit ihrem Namen, vor allem aber die Legende von der Kreuzesauffindung, die erst nach ihrem (und ihres Sohnes) Tod ihre eigentliche Wirkungskraft entfalten sollte. Allerdings scheint schon seit Mitte der 320er Jahre im Zuge einer allgemein aufkommenden Reliquienkonjunktur die Auffassung verbreitet worden zu sein, ein in Jerusalem gefundenes Stück Holz sei ein Rest vom Kreuz Jesu. Wann und wie diese Kreuzesauffindungslegende mit Helena verbunden wurde, ist ebenfalls unklar; dies könnte aber noch zu Lebzeiten Konstantins der Fall gewesen sein.

Monumentales Relikt der nun massiv einsetzenden Kreuzesverehrung ist in Rom die laut späterer Tradition ebenfalls noch auf Konstantin zurückzuführende Kirche S. Croce in Gerusalemme, deren Datierung freilich auch nach neuesten Überlegungen immer noch ungesichert ist.[117] Unzweifelhaft ist dagegen die Bestattung Helenas in Rom, die Eusebius überliefert:[118] «*Auch der Leiche der Seligen wurden mit ganz ungewöhnlichem Eifer Ehren erwiesen. Unter zahlreichem militärischen Ehrengeleite wurde sie in die Kaiserstadt gebracht und dort in den kaiserlichen Grabstätten beigesetzt.*»

Ihr mit der Kirche SS. Pietro e Marcellino (S. 87f.) verbundenes Mausoleum (gemeinhin ‹Tor Pignattara›, ‹Topfturm›, genannt) steht noch in eindrucksvollen Resten an der Via Labicana in Rom, und dort hat man den heute in den Vatikanischen Museen aufbewahrten Porphyrsarkophag gefunden. Dieser sogenannte Helena-Sarkophag ist reich mit Schlachtenszenen verziert, war also gewiß nicht eigens für die sterblichen Überreste der Kaisermutter angefertigt worden, sondern wahrscheinlich für Konstantin selbst. Der Kaiser hatte demnach ursprünglich selbst hier bestattet werden wollen, seine Pläne nach 324 jedoch geändert und seine Grabstätte in Konstantinopel errichten lassen (S. 165 f.). Der prachtvolle Porphyrsarkophag unterstreicht einmal mehr, daß Konstantin in nicht unerheblichem Maße in der Tradition seiner (paganen) tetrarchischen Vorgänger stand, welche geradezu «eine neue große Porphyrmode» initiiert hatten.[119] Konstantin nahm diese Anregungen auf und überführte den Porphyr in die Sphäre des christlichen Kaisertums.[120] Dies läßt sich auch in einer zweiten stadtrömischen Kirchen- und Grabanlage beobachten, wo, wie im Falle von SS. Pietro e Marcellino, ein kirchlicher Versammlungsraum mit einem Mausoleum verbunden ist, in S. Costanza an der Via Nomentana. Constantina, die älteste Tochter Konstantins, die zunächst (im Jahr 335) mit ihrem Vetter Hannibalianus verheiratet worden war und später, nach dessen Tod (337), den unter Constantius II. amtierenden Caesar Gallus geehelicht hatte, wurde hier nach ihrem Tod (im Jahr 354) bestattet; ihr Porphyrsarkophag befindet sich heute ebenfalls in den Musei Vaticani.

Helena, deren Leichnam nach späterer – und unglaubwürdiger – byzantinischer Tradition nach Konstantinopel verbracht worden sein soll, machte gewissermaßen erst nach ihrem Tod richtig Karriere. Das auf ihrem legendären Jerusalemer Funderlebnis gründende «Fest der Auffindung des heiligen Kreuzes» (am 3. Mai) ist erst im Pontifikat Papst Johannes XXIII. im Jahre 1960 aus dem kirchlichen Festkalender gestrichen worden. Zusammen mit ihrem Sohn Konstantin, mit dem sie noch heute in den östlichen Kirchen gemeinsame Verehrung genießt, erhielt sie zwischen dem späten 4. und dem 7. Jahrhundert in Konstantinopel etliche Kreuzesmonumente[121] und erlangte einen Grad an Prominenz, der ihr bis zu ihrem Tod (329 oder 330?) wohl niemals zuteil geworden war. Denn trotz ihres Titels einer Mitkaiserin (Augusta) hatte sie natürlich niemals faktische politische Kompetenzen innegehabt, ihre sich nur auf wenige Jahre erstreckende öffentliche Rolle beschränkte sich neben ihrem christlichen Wirken auf ihre Funktion als Mutter des Kaisers und Großmutter der Konstantinsöhne, wie es die folgende Inschrift dokumentiert:

«*Für unsere Herrin Flavia Iulia Helena, die frömmste Kaiserin, Erzeugerin unseres Herrn Konstantin, des größten Siegers, des allermildesten immerwährenden Kaisers, (für) die Großmutter von Konstantin (II.) und Constantius (II.), der schönsten und blühendsten Caesares* . . .»[122]

Diese aus S. Croce in Gerusalemme stammende Inschrift ist nach dem Tod des nicht mehr erwähnten Konstantinsohnes Crispus (326), aber vor der Ernennung zum Caesar des noch nicht genannten Constans (333) gesetzt worden. Sie dokumentiert die Etablierung einer Dynastie herkömmlicher Manier unter Konstantin, den in dieser Hinsicht nichts mehr mit dem Herrschaftsmodell seiner tetrarchischen Vorgänger verband. Dies verdeutlicht auch der eusebianische Bericht über das Testament Helenas:[123] «*Als sie schließlich am Ziel ihres reichlich zugemessenen Lebens angelangt war und zu einem höheren Dasein berufen werden sollte, da traf sie, an die achtzig Jahre alt und ihrem Ende schon nahe, abschließende Regelungen und machte ihr Testament, worin sie zugunsten ihres einzigen Sohnes, des Kaisers, des alleinigen Beherrschers der Welt, und zugunsten seiner Söhne, der Caesares, ihrer Enkel, ihren letzten Willen festsetzte; von ihren Enkeln wies sie einem jeden etwas von ihrem Privatvermögen an, soviel sie nur immer auf dem ganzen Erdkreis besaß.*»

Zum Zeitpunkt ihres Todes gab es nur zwei Caesares Konstantins, aber drei leibliche Söhne, denn Konstantins jüngster Sohn, der wohl 320 geborene Constans, avancierte erst im Jahre 333 zum Caesar. Dieser Vorgang gehört freilich schon zur unmittelbaren Vorgeschichte der wohl endgültig im Jahre 335 für seine Nachfolge getroffenen Weichenstellungen Konstantins.

Die Nachfolgefrage

Am 25. Juli 336 beendete Konstantin in Konstantinopel seine Tricennalia, das Jubiläum einer nun schon drei Jahrzehnte andauernden Kaiserherrschaft. Diese Gnade war lange keinem römischen Kaiser mehr zuteil geworden, vielen seiner Vorgänger der vergangenen 150 Jahre war es nicht einmal vergönnt gewesen, eines natürlichen Todes zu sterben. Zu dem hochoffiziellen Anlaß des Regierungsjubiläums hielt Eusebius von Caesarea die Festrede, «*die wir* (Eusebius spricht von sich im vornehmen Plural), *als wir in die nach dem Kaiser benannte Stadt gekommen waren, vor dem Kaiser selbst ... gehalten haben. Es war dies das zweite Mal, daß wir im kaiserlichen Palast selbst Gott, den Herrscher über alle, verherrlichten; und der gottgeliebte* (sc. Kaiser), *der zuhörte, war einem von Freude überwältigten Menschen ähnlich. Dies brachte er auch nach dem Zuhören zum Ausdruck, als er höchstpersönlich mit den anwesenden Bischöfen dinierte und ihnen jede Art von Ehre und Liebe erwies.*»[124]

Eusebius hat seinen Panegyricus, worauf er explizit hinweist (Eus. VC IV 46,1), seiner «Vita Constantini» beigefügt, und er ist uns als erster Teil, als «Laus Constantini» (Preisung Konstantins), in den ersten zehn Kapiteln seiner Tricennalienrede überliefert.[125] Noch in diesem späten Stadium der konstantinischen Herrschaft betont Eusebius zunächst weiterhin den Bezug des christlichen Kaisertums auf die Sonne:

«*Wie das Licht der Sonne in ihrem Glanz, so erleuchtet er, indem er seine Strahlen bis in die Ferne aussendet, die Bewohner auch der entlegensten Gegenden durch die Leuchtkraft seiner Caesares.*»[126]

Bemerkenswerterweise verknüpft Eusebius diese seine solare Herrschaftstheologie, die Konstantin gleichsam als Sonnengott begreift, der im Sonnenwagen über den Kosmos fährt, mit der Mitherrscher- und Nachfolgefrage: «*Er* (Konstantin) *hat sie* (die Caesares) *als Lichtträger und Reflektoren des von ihm ausgehenden Lichtstroms eingeteilt. Er hat die vier in das eine Joch des kaiserlichen Viergespanns zusammengespannt, er hat die tüchtigen Caesares wie junge Pferde mit den Zügeln des göttlichen Einklangs und der Eintracht zusammengefügt und fährt mit den Zügeln regierend oben auf dem Wagen hoch einher.*»[127]

Während Eusebius hier im Jahre 336 eine ‹Quadriga› von vier Juniorkaisern erwähnt, spricht er in seiner bald nach dem Frühjahr 337 verfaßten «Vita Constantini» nur noch von drei Caesares:[128]

«*Als er so die äußersten Enden des bewohnten Erdkreises beherrschte, teilte er seine gesamte Herrschaft über das Reich unter seine drei Söhne, wie ein väterliches Erbgut es seinen Liebsten anweisend. Den großväterlichen Anteil* (d.h. den Anteil seines Vaters) *gab er dem älteren, die Herrschaft über den Osten dem zweiten, und die Länder, die in der Mitte lagen, dem dritten Sohne.*» Diese Darstellung des Eusebius hat auch Eingang gefunden in die Kirchengeschichten des Socrates und Sozomenos, die im 5. Jahrhundert verfaßt wurden.[129]

Ein anonymer, heidnischer Verfasser eines kurzen Abrisses römischer Kaisergeschichte bietet am Ende des vierten Jahrhunderts schließlich noch eine dritte, auf den ersten Blick etwas wirr anmutende Version der Nachfolge- und Erbschaftsregelungen Konstantins. Denn er erklärt rückblickend zunächst, Konstantins Herrschaft sei auf seine drei Söhne übergegangen, um dann aber in seinen Erläuterungen fünf Teilherrscher zu nennen:[130] «*So wurde die Herrschaft über den römischen Erdkreis auf drei Personen übertragen, auf Constantinus, Constantius und Constans, die Söhne Konstantins. Jeder von ihnen verfügte über folgende Herrschaftsbereiche: der jüngere Konstantin über alles jenseits der Alpen, Constantius über Asia (vom Propontischen Meer ab) und den Orient, Constans über Illyricum, Italien und Africa, Delmatius über Thrakien, Makedonien und Achaia, (H)annibalianus, ein Bruder des Caesars Delmatius, über Armenien und angrenzende Gebiete.*»

Welches Nachfolgekonzept hat Konstantin nun wirklich verfolgt und realisiert?[131] Spätestens seit 317 war klar, daß Konstantin keine Fortschreibung des tetrarchischen Sukzessionsprinzips intendierte, sondern eine dynastische Nachfolgeregelung traditioneller Natur. Denn in diesem Jahr machte er seine Söhne Crispus und Constantinus (II.) zu Caesares, Constantius (II.) kam 324 als neuer Caesar hinzu, und nach der Ermordung des Crispus im Jahre 326 blieb es bis zum Jahr 333 bei zwei Caesares. Erst dann erlangte auch sein jüngster Sohn Constans den Status eines Caesars, und 335 erfolgte eine Erweiterung des Caesarenkollegiums auf vier Personen, denn nun erhob Konstantin auch Delmatius, den Sohn seines Stiefbruders Dalmatius, zum Caesar. Dieser im Herbst 335 vollzogene, aber wohl schon vorher geplante und vielleicht bereits im Juli 335 bekannte[132] Vorgang bildet den Hintergrund für das von Eusebius in seiner Festrede entworfene Bild von dem Viergespann der Caesares.

Daß der in dem heidnischen Breviarium als fünfter Juniorherrscher genannte Hannibalianus niemals als präsumtiver Nachfolger ausersehen war, zeigt die Tatsache, daß dieser, ein Bruder des neuen und vierten Caesars Delmatius, zwar gleichzeitig mit diesem im September 335 eine herausgehobene Position erhielt (als sogenannter «König der Könige», ein Herrscheramt über die kaukasischen Königreiche, vor allem über Armenien), aber nicht den Titel und die Funktion eines Caesars.

Alles spricht folglich dafür, daß dieses Vierercaesariat den Kern der Nachfolgekonzeption Konstantins spätestens seit 335 gebildet und daß er an dieser Konzeption auch noch in seiner letzten Lebensphase festgehalten hat. Denn für alle vier Caesares wurden seit 335 regelmäßig Münzen ausgebracht, das heißt der gesamten Reichsbevölkerung wurden diese vier jungen Leute als die amtierenden Mitherrscher und präsumtiven Nachfolger offiziell vorgestellt. Wenn Eusebius und die ihn ausschreibenden, späteren Kirchenhistoriker den Caesar Delmatius konsequent unterschlagen, so liegt dies allein darin begründet, daß in den nach Konstantins Tod (22. Mai 337) ausgebrochenen innerfamiliären Nachfolgekämpfen Delmatius (neben etlichen anderen, darunter auch sein Bruder Hannibalianus) den Tod fand und die drei Söhne zunächst eine Samtherrschaft praktizierten, die übrigens alles andere als brüderlich gehandhabt wurde. Hatte Konstantin eine derartige, jedem Mehrkaisertum potentiell innewohnende Binnenrivalität nicht vorhergesehen, hatte er gar eine Art Tetrarchie von vier gleichberechtigten Caesares, die dann allesamt irgendwann zu Augusti hätten aufrücken müssen, avisiert?

Numismatische Zeugnisse sprechen gegen derlei Annahmen und dokumentieren vielmehr einen wohl ebenfalls bereits 335 im wesentlichen ausgereiften Nachfolgeplan Konstantins:[133]

Abb. 18: Medaillon aus Konstantinopel 335/337

Die hier abgebildete Rückseite eines in Konstantinopel zwischen 335 und 337 ausgegebenen Medaillons könnte als Illustration dieser Sukzessionsregelung dienen: Der von einem Nimbus – Lichtscheibe bzw. Heiligenschein – umgebene

Konstantin thront in der Mitte, flankiert von vier nach Größe und Attributen differenzierten Männern. Jeweils außen stehen zwei größere mit Zepter und Kleinschwert als Zeichen ihrer militärischen Befehlsgewalt ausgestattete Personen, die daher als die älteren und schon militärisch erprobten Caesares Constantinus (II.) und Constantius (II.) anzusprechen sind. Die beiden kleineren, ebenfalls militärisch gewandeten Gestalten wären dann die jüngeren Caesares Constans und Delmatius. Die Münzlegende «*Securitas publica*», die auf die wünschenswerte «allgemeine Sicherheit» abhebt, paßt vorzüglich zu dem Bildprogramm einer zukunftsträchtigen, weiterhin Sicherheit und Gedeihen gewährenden Nachfolgeordnung und legt die Annahme nahe, daß Konstantin an eine Art familienbasierter Tetrarchie gedacht hat, an eine kollegiale Herrschaft zweier Augusti unter der Einbeziehung zweier rangniedrigerer Caesares. Der Einwand, daß das hier abgebildete Medaillon nicht die eigentlich zu erwartende Gleichheit in der Darstellung beider Caesares bietet – nur Constans hält nämlich den Globus, Delmatius hingegen nur einen Schild –,[134] scheint mir nicht zwingend zu sein. Dem leiblichen Sohn des Kaisers gebührt in einem dynastisch fundierten Herrscherkollegium mindestens eine geringe, aber dennoch sichtbare Bevorzugung vor dem Stiefneffen.

Für die von ihm selbst mühsam errungene und im Namen und Geiste des Christentums neu profilierte Monarchie, die Eusebius, der Chefideologe der neuen Herrschertheologie, über alle Formen kollegialer Herrschaftsausübung stellt und allein als gottgewollt begreift, hat Konstantin angesichts seiner familiären Verhältnisse offenbar keine aussichtsreiche Perspektive gesehen. Hier wird letztmalig deutlich, daß Konstantin, der christliche Kaiser, als politischer Pragmatiker in erster Linie realistisch und zweckrational zu agieren vermochte, und zwar auf allen Feldern der Politik, im Bereich von Kult und Religion genauso wie bei der Organisation monarchischer

Herrschaft. Ihm selbst blieb am Ende nichts anderes übrig, denn als vergöttlichter Kaiser *(divus)* ins Himmelreich aufzufahren, wo sich bereits seine zahlreichen divinisierten Vorgänger, allen voran Caesar und Augustus, nach den herrschenden zeitgenössischen Vorstellungen aufhielten.

VI. ENDE UND ERINNERUNG

Taufe und Tod

Nach der Feier der Tricennalien und der Weichenstellung für die zukünftige personelle Ausgestaltung der Kaiserherrschaft im Jahre 335 stand nur noch der Perserkrieg auf der politischen Agenda Konstantins, da ihm allein «der Sieg über diese noch fehlte».[1] Auch Eusebius brachte diese Auffassung unter die Leute, indem er im September(?) 335 in seiner Rede vor dem Kaiser feststellte, das gottgewollte römische Reich umfasse schon den größten Teil der Oikumene und sei dazu ausersehen, auch noch die restlichen, bislang nicht im Zeichen des Christengottes vereinigten Gebiete in sich aufzunehmen, «bis zu den äußersten Grenzen der bewohnten Welt».[2] Bis zum Jahr 337 scheinen die Kriegsvorbereitungen gedauert zu haben, zu denen bereits die im Jahr 335 erfolgte Königsernennung des Hannibalianus im armenisch-iberischen Bereich zu rechnen ist (S. 152). Socrates berichtet in seiner Kirchengeschichte im 5. Jahrhundert, daß Konstantin bereits ein Zelt in Kirchenform hätte anfertigen lassen, um auch während der anstehenden Persienexpedition regelmäßig den Gottesdienst zelebrieren zu können.[3]

Von Konstantinopel aus brachen die Truppen und das Begleitpersonal auf, zu dem laut Eusebius auch Bischöfe gehörten,[4] und dann bricht der Bericht im vierten Buch der eusebianischen Konstantin-Vita plötzlich ab. Das Ende von

Kapitel 56, das anschließende Kapitel 57 und der Beginn von Kapitel 58 fehlen in der erhaltenen Überlieferung, und der tradierte Text setzt dann erst mit dem konstantinischen Bau des Heiligtums für die Apostel in Konstantinopel wieder ein. Liegt hier ein zufälliger Textverlust oder eine gezielte, später vorgenommene Tilgung vor?[5] Auf jeden Fall ist ein Abschnitt ausgefallen, in welchem – wie die glücklicherweise erhaltenen Kapitelüberschriften der «Vita Constantini» belegen – Eusebius wahrscheinlich über den Empfang von persischen Gesandtschaften berichtet hat. Diese freilich haben wohl dem römischen Kaiser Konstantin nichts Brauchbares angeboten, schon gar nicht die gewünschte Unterwerfung des Perserkönigs.

Konstantin hat daraufhin den Perserkrieg beginnen wollen, zog von Konstantinopel aus los, mußte dann aber wegen einer plötzlichen Erkrankung die Expedition sogleich abbrechen und starb noch im westlichen Kleinasien, im bithynischen Nikomedia, am 22. Mai 337. Diese zuverlässig wirkenden Angaben bietet einhellig die (pagane) Geschichtsschreibung des vierten Jahrhunderts,[6] auch die wohl bereits unmittelbar nach Konstantins Ableben entstandene «Origo Constantini».[7] Damit war Konstantin der Persersieg nun doch nicht zuteil geworden, fehlte ihm also der aus der hagiographischen Perspektive seines Biographen so sehr erwünschte, glanzvolle Schlußakkord seines Lebens. Liegt darin etwa eine nacheusebianische, zu einem uns unbekannten Zeitpunkt erfolgte, aber möglicherweise gezielte Tilgung des besagten Abschnittes in der «Vita Constantini» begründet?[8] Gemäß dieser freilich nicht unanfechtbaren und nur von wenigen Gelehrten geteilten Interpretation wäre es das Ziel eines späteren konstantinfreundlichen Eingriffes in den eusebianischen Text gewesen, die kurz vor seinem unerwarteten Tod erfolgte Taufe Konstantins nicht als eine Art Nottaufe im Zuge eines krankheitshalber abgebrochenen Perserkrieges erscheinen zu lassen. Es wäre dann allerdings erstaunlich, daß man nicht auch gleich das gesamte Kapitel IV 56 getilgt hat, um jegliche Erwähnung des Perserkrieges zu vermeiden.[9]

Auf der anderen Seite wird aber die These einer (durch wen auch immer) gezielt herbeigeführten Textveränderung gestützt durch das fast einhellige Schweigen, mit welchem die Kirchengeschichtsschreibung des 5. Jahrhunderts über die unvollendete Persienexpedition Konstantins hinweggeht; meist wird Konstantins Tod ohne deren Erwähnung berichtet. Beiläufig notieren nur Socrates an der schon genannten Stelle, in der es ihm um die mobile Zeltkirche geht, und Gelasios von Kyzikos (um 475)[10] den schon begonnenen Perserzug Konstantins; und erst im sechsten und siebten Jahrhundert entstand daraus in der christlich-byzantinischen Geschichtsschreibung die konstantinfreundliche Version, derzufolge der Kaiser die Perser besiegt und den König zu einem Friedensschluß gezwungen habe, bevor er dann gestorben sei.[11]

Doch zurück von diesen Fiktionen und vermeintlichen literarischen Konspirationen zu den belegbaren Ereignissen und damit zu dem in den ersten Anfängen steckengebliebenen militärischen Unternehmen Konstantins gegen die Perser. Warum, so ist noch einmal zu fragen, verschweigt die christlich-orthodoxe Überlieferung eusebianischer Provenienz die wahren Zusammenhänge? Die Antwort bietet der eusebianische Bericht über die letzte Lebensphase Konstantins selbst, über seine Taufe und den anschließenden Tod, denn diese Vorgänge sollten offenbar als Entfaltung und Höhepunkt eines heilsgeschichtlich makellosen Lebenslaufes erscheinen, nicht aber als Auswirkungen des stets unvorhersehbaren Schicksals.

Zunächst berichtet Eusebius (nach der zu vermutenden Erwähnung einer persischen Gesandtschaft) vom Bau des konstantinischen Mausoleums in Konstantinopel (Eus. VC IV 58–60), um den Kaiser dann als gottgefälligen Christen am Osterfest 337 zu zeigen (Eus. VC IV 60). Anschließend heißt es:

«*Damit* (sc. mit christlichen Übungen) *verbrachte er sein Leben bis zum Ende und war gerade mit solchem befaßt, als ihn Gott, durch den er dies vollbrachte, zur rechten Zeit der Hinübernahme in ein höheres Dasein für würdig erachtete. Es befiel ihn zuerst ein körperliches Unwohlsein, dann trat eine Verschlimmerung hinzu, und schließlich begab er sich zu den Bädern warmer Gewässer seiner Stadt, von wo er in die nach seiner Mutter benannte Stadt kam. Dort verweilte er in dem Bethaus der Märtyrer einige Zeit und sandte flehentliche Gebete und Bitten zu Gott empor. Als ihm aber bewußt wurde, daß sein Ende nahte, erkannte er, daß jetzt die rechte Zeit wäre, sich von allen Sünden des ganzen Lebens zu reinigen; denn er glaubte, daß er, was immer es war, das er in menschlicher Schwachheit begangen habe, dieses von seiner Seele durch die Kraft der geheimnisvollen Worte und durch das heilsame Bad abwaschen könne. In dieser Erkenntnis flehte er, auf der Erde kniend, zu Gott, bekannte in ebendieser Märtyrerkirche seine Sünden und wurde dort auch zum ersten Male des Gebetes der Handauflegung teilhaftig. Dann brach er von dort auf und gelangte in die Vorstadt von Nikomedia...*»[12]

Der Bericht des Eusebius ist ein wenig nebulös, insbesondere läßt er die Leserschaft über topographische Details im unklaren. Der Kaiser begab sich – so Eusebius – zu warmen Bädern seiner Stadt (wahrscheinlich nach Pythiatherma, bei dem heutigen türkischen Ort Yalova auf der kleinasiatischen Seite am Ende des Golfes von Izmit gelegen),[13] von dort ging es weiter «in die nach seiner Mutter benannte Stadt», wo er in einem «Bethaus der Märtyrer» zu Gott gebetet und erstmals die Handauflegung erfahren habe. Den Abstecher zu dem ehemaligen Ort Drepanon, der im Jahre 327 unter dem Namen Helenopolis zu Ehren seiner Mutter Helena neu ‹gegründet› worden war, vermerken auch die Kirchenhistoriker Socrates und Sozomenos im 5. Jahrhundert, nicht aber Konstantins Aufenthalt in der Märtyrerkirche. Die eusebianische Version steht hier deutlich im Dienste einer makellosen christlichen Schlußetappe des Lebens Konstantins, denn gemäß Eusebius wird der Kaiser in Helenopolis (tatsächlich oder vermeintlich) den Status eines Katechumenen erlangt haben, also eines Taufanwärters.[14]

Von Helenopolis aus reiste Konstantin weiter in seine bei Nikomedia gelegene Residenz, «und hier rief er die Bischöfe zusammen und richtete an sie folgende Worte:

‹*Dies ist der Augenblick, auf den ich schon längst gehofft habe, danach dürstend und mich sehnend, das Heil in Gott zu erlangen. Die Stunde ist gekommen, daß auch wir das Unsterblichkeit verleihende Siegel empfangen, die Stunde, daß wir der Besiegelung des Heiles teilhaftig werden. In den Fluten des Jordan hatte ich einst gedacht, dies zu erlangen, in denen auch unser Erlöser, uns zum Vorbild, die Taufe empfangen hat, wie berichtet steht. Gott aber, der weiß, was uns zukommt, hält uns schon hier dieser Dinge für würdig. Es soll daher kein Schwanken und Zögern mehr geben; denn wenn auch der Herr über Leben und Tod uns hier erneut leben lassen wollte, auch dann ist ein für alle Mal bestimmt, daß ich künftig dem Volke Gottes zugesellt bin und in Gebeten mit allen an den gemeinsamen Versammlungen teilnehme. Die gotteswürdigen Lebenssatzungen will ich mir nunmehr vorschreiben.› Diese Worte sprach er,* sie (sc. die Bischöfe) *vollzogen den göttlichen Gesetzen gemäß, was vorgeschrieben war, und spendeten ihm die geheimnisvolle Gnade, nachdem sie die gebotenen Instruktionen vorausgeschickt hatten. So wurde als einziger von allen Kaisern seit Beginn der Zeit Konstantin durch die Geheimnisse Christi wiedergeboren und vervollkommnet.*»[15]

Die späte Taufe Konstantins, der den größten Teil seiner Kaiserherrschaft über als «christlicher *laicus* zu bezeichnen» wäre,[16] ist kein Indiz für ein eventuelles Zögern Konstantins, den letzten, entscheidenden Schritt zum Christentum zu vollziehen. Vielmehr war es zu dieser Zeit üblich, erst spät im Leben die Taufe zu vollziehen, um folglich keine Sünden mehr begehen und unbefleckt den Weg ins Jenseits antreten zu können. Dem entspricht im übrigen die von Eusebius mitgeteilte Weigerung Konstantins, nach der Taufe wieder das kaiserliche Purpurgewand anzulegen, um statt dessen in weißen (d.h. unbefleckten) Kleidern das nahende Ende zu erwarten.[17] Und schließlich darf man auch Eusebs Hinweis ernst nehmen, Konstantin habe sich wie Jesus im Jordan taufen lassen wollen, was aber nun wegen der offenkundig lebensbedrohlichen Krankheit nicht mehr möglich war.

Dennoch weist auch der Taufbericht Eusebs erneut deutliche Spuren eines Gestaltungswillens auf, der Konstantin in orthodox-christlichem Licht erscheinen läßt. Besonders deutlich wird dies durch das konsequente Verschweigen des an der Taufe des Kaisers zumindest maßgeblich beteiligten Bischofs, des Eusebius von Nikomedia, der als Arianer nicht nur von dem Konstantin-Biographen Eusebius, sondern auch von den Kirchenhistorikern des 5. Jahrhunderts mit Schweigen übergangen wird. Ob tatsächlich, wie Eusebius in seiner Konstantin-Vita glauben machen will, mehrere Bischöfe die Taufe vollzogen haben oder nicht nur der arianische Bischof Eusebius von Nikomedia, wie erst Hieronymus im späten 4. Jahrhundert zu berichten weiß,[18] muß dahingestellt bleiben. Sicher hingegen ist, daß die in der späteren historischen Erinnerung wirkungsmächtigste Version von der Taufe Konstantins – die angeblich der römische Bischof Silvester bald nach der Erringung der Alleinherrschaft durch Konstantin im Jahr 324 dem Kaiser in den Thermen des stadtrömischen Lateranspalastes gespendet haben soll – ebenfalls als Reaktion auf das unerwünschte ‹Abgleiten› Konstantins in den Arianismus zu werten ist. Sie kann keinerlei Historizität beanspruchen, war jedoch für die Rezeptionsgeschichte Konstantins von immenser Bedeutung (S. 168f.).

Nach empfangener Taufe soll Konstantin laut Eusebius (Eus. VC IV 63,1) erklärt haben: «*Ich weiß, daß ich jetzt wahrhaft gesegnet bin, daß ich jetzt als des unsterblichen Lebens wert erwiesen bin, daß ich jetzt des göttlichen Lichtes teilhaftig geworden bin.*» Zum wiederholten Mal liegen hier angesichts der Wortwahl (natürlich letztlich hypothetische) Überlegungen nahe zum Sonnengottverehrer und Christen Konstantin, zur Vereinbarkeit von Sol-Verehrung und Christuskult, zur solaren Christologie des ersten christlichen Kaisers. Denn gerade für die Taufe hatte die Lichtsymbolik eine lange Tradition, wurde die Taufe doch oft in christlichen Quellen geradezu als ‹Erleuchtung› (griech.: *photismós*) bezeichnet, und der Kirchenvater Johannes Chrysostomos stellt Jahrzehnte nach Konstantins Tod explizit die Verbindung zwischen den wie Sterne auf der Erde leuchtenden Taufempfängern und der Sonne her.[19] In der eusebianischen Darstellung ist die Taufe Konstantins ein entscheidender Schritt auf dem Weg in Gottes Reich, der dann schließlich am 22. Mai 337, am Pfingsttag, endgültig vollzogen wurde: Konstantin stirbt, etwa 65jährig, in einem Vorort von Nikomedia, in seinem kaiserlichen Palast, von wo aus seine Leiche in feierlicher Prozession «in die nach dem Kaiser benannte Stadt»,[20] also nach Konstantinopel, gebracht wurde.

Der dreizehnte Apostel?

Auch ein toter Herrscher ist ein höchst lebendiger Herrscher. Noch nach seinem Tod wurde Alexander der Große von den um seine Nachfolge kämpfenden Generälen und Funktionären als imaginäres Mitglied bei Feiern und Konferenzen auf einem leeren Thron berücksichtigt, und um seine Leiche führten die Diadochen einen veritablen Kampf.[21] Und der tote Caesar diente Mark Anton und Octavian, dem späteren Augustus, jeweils als wichtigstes politisches Kapital, welches letzterer bekanntlich besonders gewinnbringend einzusetzen vermochte und als «Sohn eines Vergöttlichten» *(Divi filius)* seine Erfolgsgeschichte inszenierte.

Auch Konstantin regierte als Toter zunächst unangefochten weiter: «*Die Führer des ganzen Heeres, die* comites *und die ganze Schar der Beamten, für die es früher Vorschrift gewesen war, vor dem Kaiser niederzufallen, änderten auch jetzt nichts an der gewohnten Sitte; sie traten zu bestimmten Stunden ein, um dem Kaiser auf der Bahre wie bei seinen Lebzeiten so auch nach seinem Tode, auf die Knie gesunken, ihre Huldigung darzubringen.*»[22] Seine postume Herrschaft währte nahezu ein halbes Jahr, bis die Nachfolgekämpfe endgültig ausgefochten waren und seine drei leiblichen Söhne als Augusti die Nachfolge tatsächlich angetreten hatten; der vierte Caesar Delmatius und Hannibalianus waren während dieser blutigen Auseinandersetzungen ums Leben gekommen. Auch die christlichen Söhne des christlichen Kaisers Konstantin avancierten, wie ihre zahlreichen nichtchristlichen Vorgänger in den vergangenen drei Jahrhunderten, zu «*Divi filii*», zu Söhnen eines in den Götterhimmel aufgestiegenen Kaisers, denn auch der christliche Kaiser Konstantin wurde konsekriert, d.h. ihm wurde die Apotheose zuteil, die durchaus noch die religiöse Konnotation des traditionellen heidnischen Vorganges bewahrte.[23] «*Es wurde sogar auf Münzen sein Bild geprägt; die Vorderseite stellte den Seligen mit verhülltem Haupt dar, während die Rückseite zeigte, wie er nach Art eines Wagenlenkers auf einem Viergespann fahrend, von einer Hand, die von oben herab sich ihm entgegenstreckt, aufgenommen wird.*»[24] Tatsächlich erhaltene Münzen wie die hier abgebildete bestätigen die eusebianische Beschreibung:[25]

Abb. 19: Konsekrationsmünze Konstantins

Die nach der Augustusproklamation der Konstantin-Söhne (am 9. September 337) in Konstantinopel geprägte Goldmünze *(solidus)* zeigt auf der Vorderseite den verhüllten Kopf Konstantins, der in der Legende als «vergöttlicht» *(divus)* und als Vater der Augusti *(pater Augustorum)* bezeichnet wird. Die Verhüllung zeigt hier an, daß ein bereits Verstorbener dargestellt wird, dessen Himmelfahrt Gegenstand der Rückseitenikonographie ist. Dort sieht man Konstantin im Triumphwagen stehen, von einem Viergespann gen Himmel gezogen, von wo aus sich ihm die Hand Gottes entgegenstreckt. Das Motiv des Viergespanns erinnert an den Sonnenwagen des Gottes Sol und an die eusebianische Vorstellung von Konstantin, der wie der Sonnengott über den Kosmos fährt und der seine vier Caesares ins Joch gespannt hat (S. 96). Geradezu bildlich verdichtet erscheint in dieser Komposition der Kern der Religiosität des Christen Konstantin, dessen christlicher Monotheismus in der Vorstellungswelt der Spätantike wurzelt, welche wiederum durch den heidnischen Sonnenkult entscheidend mitgeprägt wurde.

Diese heidnisch-christliche Ambivalenz zeigt sich schon allein in dem Epitheton «*divus*», welches auch den auf Konstantin nachfolgenden christlichen Kaisern noch zuerkannt wurde, sogar Theodosius dem Großen (379–395), der das Christentum endgültig und offiziell zur Staatsreligion erhob. Wie aber kann ein Mensch ein Gott sein?[26] Diese für die Christen fundamentale Frage ließ sich nur diplomatisch beantworten, indem die Divinisierung toter Kaiser gewissermaßen ihres religiösen Charakters weitgehend entkleidet wurde und (von den Nachfolgern) zur «öffentlichen Manifestation der dynastischen Sukzession und der politischen Legitimität» profaniert wurde.[27] Wie aber wirkte sich dies auf den tatsächlichen Umgang mit dem toten Kaiser aus, oder noch konkreter gefragt: Was passierte mit der Leiche des Kaisers?

Im Falle Konstantins verfügen wir über den entsprechenden Bericht des Eusebius von Caesarea. Die öffentliche Verehrung des im kaiserlichen Palast in vollem kaiserlichen Ornat aufgebahrten Leichnams erstreckte sich über einen nicht näher benannten, aber wohl nicht allzu kurzen Zeitraum, denn «es geschah dieses sehr lange Zeit, da die Soldaten beschlossen hatten, daß der Leichnam hierbleiben und bewacht werden sollte, bis seine Söhne kämen, um ihrem Vater die letzte Ehre erweisen zu können».[28] Schon aus dieser Haltung der Militärs ergibt sich die immense Bedeutung der Leiche Konstantins, was Eusebius nicht entging: «*So war der Selige der einzige von den Sterblichen, der auch nach seinem Tode noch Kaiser war.*»[29] Erst als Constantius II., der Zweitgeborene der drei Söhne (der sich letzten Endes als einziger Augustus durchsetzen sollte), in Konstantinopel eingetroffen war, «*ließ er die Leiche seines Vaters beisetzen, und er selbst ging bei der Bestattung voran ... Als sie aber in der Kirche der Apostel des Erlösers angekommen waren, ließen sie den Sarg nieder*».[30] In seinem Mausoleum, das möglicherweise (trotz anderslautenden Angaben bei Eusebius) zu Lebzeiten Konstantins nur als Grabstätte konzipiert und noch nicht zur Apostelkirche fortentwickelt war,[31] wurde Konstantins Sarg in einem Kontext aufgestellt, den er offenbar noch zu seinen Lebzeiten detailliert vorbestimmt hatte. Denn Eusebius berichtet in seiner Konstantin-Biographie ausführlich über die diesbezüglichen Wünsche, Absichten und Maßnahmen des Kaisers:

«*Er selbst hatte sich diesen Ort für die kommende Zeit seines Todes eingerichtet, da er in seinem unermeßlich freudigen Glauben voraussah, daß seine Leiche nach dem Tode Anteil an der Verehrung der Apostel erhalten werde; er wollte so auch nach seinem Hinscheiden noch der Gebete gewürdigt werden, die dort zu Ehren der Apostel dargebracht würden. Darum gab er auch Befehl, dort Gottesdienste zu halten, und er stellte dazu in der Mitte einen Altar auf. Zwölf Grabmäler errichtete er dort, gleichsam heilige Säulen zu Ehren und zum Gedächtnis der Apostelschar; mitten unter sie stellte er aber seinen eigenen Sarg, zu dessen beiden Seiten je sechs Apostel standen. Und dies hatte er, wie gesagt, mit reiflicher Überlegung vorgesehen, damit dort nach seinem Tode sein Leib eine geziemende Ruhestätte fände. Nachdem er dies in seinem Herzen schon längst vorausbestimmt hatte, weihte er das Gebäude den Aposteln, von dem Vertrauen beseelt, daß das Gedächtnis der Apostel für seine eigene Seele überaus ersprießlich sein werde; und Gott enttäuschte ihn nicht in den Dingen, die er erflehte und erwartete.*»[32]

Was hat man sich konkret unter diesem von Eusebius geschilderten Ensemble vorzustellen? Möglicherweise handelte es sich bei den «Grabmälern» der Apostel um Leergräber (Kenotaphe), die vielleicht mit Porträts der Apostel verziert waren. Welche Rolle sollte dann aber der tote Konstantin in diesem Kontext spielen? Wollte er nur als dreizehnter Apostel in die gemeinsame Verehrung aufgenommen werden, als «Apostelgleicher» (griechisch: *isapóstolos*), wie es in Quellen seit dem 5. Jahrhundert nach Christus zu lesen ist? Näher liegt wohl eine andere Assoziation. Konstantins Position inmitten der Apostelmonumente entsprach derjenigen von Christus im Kreise seiner Jünger.[33] Diese Interpretation deckt sich mit dem konsequent von Eusebius gezeichneten Bild Konstantins als von Gott begünstigtem und begnadetem irdischen Herrscher, der sich wie Christus im Jordan hatte taufen lassen wollen. Und sie entspricht ebenfalls der in dieser Zeit entstandenen Ikonographie in Kaiserkulträumen und Kirchen, die Konstantin zeigt, wie er über dem Himmelsgewölbe thront.[34] «Wenn Christus kaisergleich war, so war der Kaiser christusgleich.»[35]

Und schließlich bestätigt sich aufs Neue die vielfach erwiesene, enge Verbindung zwischen Christus, der «wahren Sonne» *(verus sol)*, und dem als Helios bzw. als ‹alter ego› des Sonnengottes auf Denkmälern und Münzen dargestellten Konstantin, der, omnipräsent in seinem Viergespann, als Kosmokrator segensreich und lichtspendend wirkt.

Konstantin war zum *«isóchristos»*, zum Christusgleichen geworden, und so konnte er noch lange nach seinem Tod – in guter paganer Manier! – als Gott angebetet, konnten vor seiner Porphyrsäule in Konstantinopel Opfer dargebracht und Wohltaten erfleht werden.[36] Doch damit befinden wir uns bereits mitten in der Wirkungsgeschichte des ersten christlichen Kaisers.

Konstantinbilder

Die Geschichte der Konstantinrezeption beginnt bereits mit Eusebs Biographie, die in diesem Buch immer wieder ausführlich zitiert worden ist. Wir müssen daher noch einmal auf die in der Einleitung formulierten Schwierigkeiten, «ein Leben zu erzählen», zurückkommen: Denn kann man mit Hilfe des eusebianischen, christlich-idealisierenden Fürstenspiegels das Leben Konstantins erzählen? Bereits 1696 bezweifelte dies der Pietist Gottfried Arnold: «*Insonderheit stimmen nun die Gelehrten völlig überein, daß dieser Eusebius in der Erzehlung von dem Constantino nicht allein eine unleidliche Schmeicheley offenbarlich begangen, sondern auch dahero viel falsches erzehlet und hingegen viel Wahrhaftiges ausgelassen habe.*»[37] Im wesentlichen traf Arnold bereits das Richtige, und so gilt, daß sich ohne Eusebius das Leben Konstantins nicht erzählen läßt, mit Eusebius aber nur in kontinuierlichem Bemühen um kritische Überprüfung seiner Informationen und im permanenten Rückgriff auf die gesamte, über Eusebius hinaus zur Verfügung stehende Überlieferung.

Eine derartige Haltung reflektierter Distanz kennzeichnet gerade nicht die Fülle spätantiker, mittelalterlicher und frühneuzeitlicher Konstantinbilder. Bereits die Kirchenhistoriker des 5. Jahrhunderts, Socrates, Sozomenos und Theodoret, schreiben weitgehend die von Eusebius vorgezeichneten Linien nach und aus, wenn auch vereinzelt kritische Bemerkungen insbesondere zu Konstantins kirchenpolitischem Wirken nachzuweisen sind.[38] Eine gewisse Sonderstellung nimmt dabei der extreme Arianer (Eunomianer) Philostorgios ein, der, anders als die eben genannten Autoren, auch die Mordtaten Konstantins gegen die eigenen Familienmitglieder mitbehandelt hat. Dies ist aber nicht als Indiz einer konstantinkritischen Haltung zu werten, sondern läßt sich mit der Benutzung paganer Autoren durch Philostorg erklären, mit deren Einschätzungen er sich auseinandergesetzt hat.[39]

Die heidnische Historiographie und Rhetorik des 4. Jahrhunderts nach Christus hat kaum Notiz von den dramatischen religionspolitischen Veränderungen unter Konstantin genommen, sieht man einmal von den Invektiven des späteren heidnischen Kaisers Julian ab.[40] Dagegen entstand möglicherweise bereits gegen Ende des 4. Jahrhunderts nach Christus im westlichen, (stadt-)römischen Bereich die überaus folgenreiche, in Hunderten von Handschriften erhaltene Silvesterlegende, welche die Ursachen und den Vollzug der konstantinischen Wende in den stadtrömischen Raum verlegt.[41] Kern dieser fingierten Geschichte ist die Erzählung, der Christenverfolger Konstantin sei vom Aussatz befallen worden, habe auf den Rat seiner heidnischen Berater hin ein rituelles Reinigungsbad im Blut von ermordeten Kindern nehmen wollen, sei dann aber davon abgebracht und erst durch die von dem römischen Bischof (Papst) Silvester vollzogene Taufe von seinem Leiden kuriert worden. Daraufhin habe er seine christenfreundliche Politik aufgenommen.

Diese Erzählung bildet den Ausgangspunkt für die Genese und Ausformulierung einer der geschichtsmächtigsten Fälschungen überhaupt, des sogenannten «Constitutum Constantini», welches im 8. Jahrhundert als angebliches Dokument der Beschenkung des Papstes Silvester durch Konstantin als Grundlage und Legitimation der päpstlichen Macht und der päpstlichen Territorialherrschaft fungierte. Im Freskenzyklus der Silvesterkapelle bei der Kirche Santi Quattro Coronati in Rom, unweit des Lateran gelegen, hat dieses Geschichtskonstrukt einen prachtvollen Ausdruck gefunden, denn die in der Mitte des 13. Jahrhunderts entstandenen Fresken setzen die angebliche «Konstantinische Schenkung» ins Bild und zeigen, wie der geheilte Kaiser Konstantin dem Papst Silvester mit dem sogenannten «Phrygium» die herrschaftsrepräsentierende Kopfbedeckung demütig überreicht und überdies dem Papst die Zügel hält, was in lehnsrechtlicher Ausdeutung als Vasallendienst interpretiert werden konnte. Als im 15. Jahrhundert die «Konstantinische Schenkung» endgültig als Fälschung erkannt wurde, hatte diese längst ihren jahrhundertelangen Dienst im lateinischen Westen getan.

Im griechischen Osten entwickelte sich in byzantinischer Zeit ein von Legenden und phantastischen Varianten geprägter Sagenkreis um Konstantin, der dort mit dem Beinamen eines «Großen» versehen wurde, und seine Mutter Helena, mit der er Eingang in kirchliche Feste und Kalender fand. Zwischen dem 9. und 11. Jahrhundert entstanden in der späten Nachfolge des Eusebius von Caesarea etliche Konstantin-Viten, die allesamt der Gattung der hagiographischen Schriften zuzurechnen sind, Konstantin und Helena also geradezu zu Heiligen stilisieren.[42] Nicht zufällig nehmen denn auch etliche der byzantinischen Herrscher den Namen Konstantin an.

In den westlichen Nachfolgereichen des Imperium Romanum[43] nutzten deren Herrscher die in der Konstantin-Rezeption dominierenden Elemente der Rechtgläubigkeit und der göttlichen Berufung und Begnadung für ihre eigenen Ziele und Interessen. Dabei spielte insbesondere der Kreuzeskult eine hervorragende Rolle, doch auch die angebliche Vision Konstantins vor der Schlacht an der Milvischen Brücke wurde transponiert. So wurde von dem Bayernherzog Tassilo im Jahre 772 berichtet, ihm habe der Herr den Sieg (über die Karanten) in der Weise verliehen wie einst Konstantin, dem das siegesverheißende Kreuzeszeichen vor der entscheidenden Auseinandersetzung erschienen sei.[44]

Die karolingische Rezeption Konstantins und seines christlichen Kaiserideals steht im Kontext der zu Konstantins Regierungszeit noch nicht ausgeprägten und erst ab dem späten 4. Jahrhundert thematisierten Zweigewaltenproblematik, des spannungsreichen Verhältnisses zwischen weltlicher *(imperium)* und kirchlicher Herrschaft *(sacerdotium)* sowie der Frage nach der weltlichen Macht des Papstes. Zwar wurde Karl der Große im Jahre 800 durch den Papst in Rom zum Kaiser gekrönt, aber «der Papst bekannte sich durch die Proskynese sinnfällig als Untertan des neuen Kaisers».[45] Im 9. Jahrhundert blieb Konstantin historische Leitfigur der christlichen Herrscheridee, seine angebliche Kreuzesvision von 312 findet nun weite Verbreitung in Konzilsakten und christlichen Traktaten und Chroniken. Auch für die ottonische und staufische Zeit gilt, daß die Kaiser sich jeweils als «*imperator augustissimus*» in der Nachfolge Konstantins begriffen, dabei aber stets die durch die «Konstantinische Schenkung» artikulierten weltlichen Ansprüche des Papstes, insbesondere die vermeintliche Unterordnung Konstantins unter die päpstliche Gewalt Silvesters, zurückwiesen.[46]

Für jede mittelalterliche wie neuzeitliche Form der hier nur anzudeutenden Aneignung und Instrumentalisierung der Konstantin-Tradition gilt, daß es ausschließlich um gegenwärtige Interessen der Rezipienten ging, nicht etwa um eine wirkliche Auseinandersetzung mit der historischen Gestalt des Kaisers Konstantin oder um eine historisch-kritische Aneignung der von Konstantin verfolgten Leitlinien der Herrschaft. Es wurde, um es auf den Punkt zu bringen, gegenwartsbezogene Erinnerungspolitik mit Konstantin betrieben, und dabei konnte auch der berühmte stadtrömische Konstantinsbogen miteinbezogen werden.[47] Als Kaiser Karl V. im Jahre 1536 nach Rom kam, ließ Papst Paul III. Farnese seinen Gast über die alte Route römischer Triumphatoren durch Rom geleiten und dafür den bis dahin weitgehend verschütteten Konstantinsbogen freilegen. Dies geschah gewiß nicht, um Karl V.

historischen Anschauungsunterricht über die spätantike Geschichte zu erteilen, sondern der Papst, der mit dem Kaiser die Glaubenseinheit erneuerte und in den Folgejahren Rom zu einem bedeutenden Ort der Gegenreformation werden ließ, wollte Karl V. demonstrativ an den christlichen Kaiser und Verteidiger der Einheit des Christentums, Konstantin den Großen, erinnern. Der Konstantinsbogen, an dem ursprünglich jede konkrete Anspielung an das Christentum noch sorgfältig vermieden worden war, stand somit jetzt gewissermaßen für das Gegenteil der ursprünglichen Intention seiner Bauherren: für die Rolle Konstantins als Begründer des christlichen Kaisertums.

Erinnerungspolitik bedarf nicht der gesicherten, sachbezogenen historischen Grundlage – entscheidend für den Umgang mit und für die Gestaltung von Erinnerungsorten sind die Absichten und Interessen der Erinnernden und der Erinnerungsproduzenten. Dies gilt auch für den päpstlichen Umgang mit dem Obelisken, den Konstantin eigentlich von Heliopolis in Ägypten nach Konstantinopel hatte schaffen lassen wollen.[48] Constantius II. ließ den Obelisken, der sich zum Zeitpunkt des Todes Konstantins noch in Alexandria befand, nach Rom bringen und im Circus Maximus aufstellen. 1588 versetzte ihn Papst Sixtus V. auf den Lateransplatz vor das Baptisterium von S. Giovanni in Fonte, «wo eine tausendjährige Tradition die Taufe des ersten christlichen Kaisers durch Papst Silvester lokalisierte».[49] Auf den Sockel des Obelisken ließ der Papst eine Inschrift einmeißeln, derzufolge an dieser Stelle Konstantin, der Sieger im Kreuz, die Taufe empfangen habe.

Und schließlich gilt das eben für die Erinnerungspolitik Gesagte auch für die eingangs dieses Buches zitierte Erinnerungsinschrift, für deren Aufstellung Papst Pius X. im Jahre 1912 zum 1600jährigen Jubiläum der Schlacht vor der Milvischen Brücke Sorge trug. Der Machtpolitiker und Schlachtensieger Konstantin war somit in der gesteuerten historischen Erinnerung allein zum göttlich beauftragten Christenherrscher und begnadeten Heilsbringer geworden, ganz im Sinne seines ersten Biographen, des Bischofs Eusebius von Caesarea.

ANHANG

Anmerkungen

I. MYTHOS UND GESCHICHTE

1 Zitiert bei Kuhoff 1991, 157 Anm. 80.
2 Meier 1979.
3 Meier 1979, 234f.
4 Meier 1979, 237.
5 Meier, ebd.
6 So (oder ähnlich) die klassischen Werke von Burckhardt 1853/80 und Vogt 1960; ferner Clauss 1996 und noch jüngst Piepenbrink 2002.
7 Meier 1979, 255.
8 Meier 1979, 231.
9 Meier 1979, 255.
10 Meier 1979, 256.
11 Meier 1979, 255.
12 Zur Diskussion um das Medaillon, ikonographische Details und insbesondere die umstrittene Frage des Kreuzzepters s. nur Brandt 1998, 135–137; Kolb 2001, 75.
13 Dazu s. jetzt ausführlich Berrens 2004; kurz Sommer 2004, 119ff.
14 Grundlegend dazu: Corcoran 2000.
15 Übersetzung und weitere Quellenhinweise bei Brandt 1998, 78f.
16 Zu diesem gesamten Komplex siehe zusammenfassend nur Brandt 1998, 98ff.; Kolb 1987.
17 Von der späteren christlichen Tradition wird dies natürlich in Abrede gestellt, siehe vor allem Lact. mort. pers. 15,7; Eus. HE VIII 13,13. Eus. VC I 13,2. Diese christliche Tradition, die aus durchsichtigen Gründen eine familiäre Entlastung des spä-

teren christlichen Kaisers von allen antichristlichen Positionen intendiert, ist unglaubwürdig: Girardet 1998, 24 mit Anm. 53.

18 Dazu grundlegend Wallraff 2001 sowie jetzt ferner Berrens 2004.

19 Berrens 2004, 146ff.

20 Dörries 1954, 15.

21 Siehe den knappen Überblick bei Marcone 2002, 6–11; Piepenbrink 2002, passim.

22 Zu Lactantius siehe Creed 1984, gegen Barnes 1973.

23 Grundlegend: Winkelmann 1991.

24 Cameron/Hall 1999.

25 Vgl. Demandt 1989, 16; Girardet 1998, 11 mit Anm. 5.

26 Bleckmann 1997, anders, aber meines Erachtens nicht einleuchtender (für das Jahr 325 plädierend): Barnes, 1998, 275.

27 Leppin 1996.

28 Bleckmann 2004.

29 Bleckmann 1996, 8; Bleckmann 2004, 196ff.

30 Paschoud 1971.

31 Neri 1992; Bonamente 1978, 25ff.

32 Schlumberger 1974, 195–201.

33 Zur «Origo Constantini» siehe König 1987; Lieu/Montserrat 1996, 39–62.

34 Dörries 1954, 209–226 und insbesondere Grünewald 1990, passim.

35 RIC VI-VII; R.-Alföldi 1963.

36 Nixon/Rodgers 1994.

37 Konstantinische Schreiben im Kontext des Donatistenstreites, publiziert von dem afrikanischen Bischof Optatus, sowie Texte aus dem jahrzehntelangen Arianerstreit: H. v. Soden, Urkunden zur Entstehungsgeschichte des Donatismus, 2. Aufl. Berlin 1950; J.-L. Maier, Le dossier du donatisme, Bd. 1, Berlin 1987, Keil 1995.

38 Zu den Kirchenbauten in Rom s.u. S. 85ff., zum Konstantinsbogen S. 60ff., zu Konstantinopel S. 136ff.

39 Meier 1979, 231.

II. KAISERSOHN UND USURPATOR

1 Marcone 2002, 6.

2 D. Kienast, Römische Kaisertabelle. Grundzüge einer römischen Kaiserchronologie, Darmstadt 1990, 294.

3 Ambros. De obitu Theodosii 42. Die Evidenz für eine rechtsgültige Ehe zwischen Constantius und Helena ist, anders als T. D. Barnes mit Bezug auf Anon. Val. I 1 meint, (Barnes 1998, 276), dünn und fragwürdig, siehe auch Lieu/Montserrat 1996, 49 Anm. 5.
4 Clauss 2002, 355–357.
5 Bleckmann 1996, 43, stellt zu Unrecht die Frage, «ob man von einer wirklichen Usurpation sprechen kann, ... da die tetrarchische Nachfolgeordnung nirgends gesetzlich verankert war.» Aus dem Laktanz selbst (mort. pers. 18,5. 25,4 u. ö.) bekannten Herrschaftsprinzip der Tetrarchie geht dies unmißverständlich hervor; so auch Grünewald 1990, 13 mit Anm. 4, gegen ältere Stimmen.
6 Lact. mort. pers. 18,5.
7 Grundlegend zum tetrarchischen Herrschaftssystem: Kolb 1987; s. ferner Brandt 1998, 19–26, und dens. 2001, 10ff.
8 Grünewald 1990, 16.
9 Nachweise bei Grünewald 1990, 16ff.
10 Vgl. zur Diskussion um die Lokalität Grünewald 1990, 36ff. Marcone 2002, 52, plädiert jüngst wieder für Trier als Schauplatz der Hochzeitszeremonie.
11 Pan. Lat. VII (6), vgl. Grünewald 1990, 26ff.
12 Pan. Lat. VII (6) 2,5. 8,2.
13 Pan. Lat. VII (6) 14.
14 Pan. Lat. VI (7); Müller-Rettig 1990.
15 Dies zeigt der Überblick von Grünewald 1990, 13–45.
16 Lact. mort. pers. 24,9.
17 So vor allem T. D. Barnes an etlichen Stellen – Hinweise bei Girardet 1998, 23 mit Anm. 46; nachzutragen ist jetzt noch Barnes 1998, 280f., wo Barnes Konstantins angebliche offizielle Tolerierung und Förderung des Christentums seit 306 sogar zu den unbezweifelbaren «elementary facts» zählt. Ähnlich bereits Barcelo 1988, 76ff.; Corcoran 2000, 185.
18 Auch nicht durch den weiteren Hinweis (so Barnes 2002, 195) auf die weitaus unverbindlichere und überdies noch viel später formulierte Angabe in Lact. inst. I 1,13f.
19 So völlig zu Recht auch Girardet 1998, 24f.
20 Pan. Lat. VI (7) 21,4ff.
21 Nach den Übersetzungen von Grünewald 1990, 50f. und Bleckmann 1996, 64.
22 So Weiß 1993, 143–169.
23 Grünewald 1990, 56, mit Nachweisen.

24 Const., or. XI 1, in: Eus. VC, ed. Heikel 1902, p. 166; vgl. Dörries 1954, 131. 247. Zur Datierung der Rede s. Bleckmann 1997.
25 Lact. mort. pers. 34; Brandt 1998, 140–142. Auch dies ist übrigens ein gewichtiges Argument gegen die These vom frühen Christsein Konstantins und einem angeblichen Toleranzedikt bereits des Jahres 306.
26 Eus. HE VIII 17,3–10.
27 Eus. HE VIII 17,1.
28 Lact. mort. pers. 34,4.
29 Vgl. auch die umsichtigen Überlegungen von Girardet 1998, 37–39.

III. HERBSTZEIT: DIE ‹KONSTANTINISCHE WENDE›

1 Grundlegend: Kuhoff 1991, 127–174.
2 Ein Festredner des Jahres 313 – Pan. Lat. XII (9) 5,5 – hebt exakt diesen Aspekt hervor.
3 Aur. Vict. Caes. 40,23.
4 Das folgende primär nach den vorzüglichen Überlegungen von Girardet 1998, 26ff.; s. ferner – auf der Basis derselben Evidenz – Rosen 2001, 247–281.
5 Lact. inst. VII, 26,11.
6 Pan. Lat. XII (9); Nixon/Rodgers 1994, 288–333; s. zum folgenden vor allem Bleckmann 1996, 67f. und Girardet 1998, 33f.
7 Dies wiederum muß freilich kein Beweis für das fortdauernde Heidentum Konstantins sein, denn noch im Jahre 320/21, als er längst nachweislich Christ ist, läßt er die öffentliche Befragung der Eingeweideschauer unter bestimmten Voraussetzungen zu: CTh XVI 10,1; vgl. Dörries 1954, 180f.
8 Pan. Lat. XII (9) 2,5 (nach der Übersetzung von Bleckmann 1996, 67).
9 Pan. Lat. XII (9) 19,3 (in der Übersetzung von Girardet 1998, 33).
10 Girardet 1998, 36.
11 Girardet 1998, 37.
12 Vgl. Eus. HE IX 9,9.
13 Girardet 1998, 37 Anm. 111.
14 Girardet 1998, 13 Anm. 11.
15 Eus. HE IX, 9,10–11; vgl. ferner Eus. VC I 40,2, ferner Eus. LC IX 8 und HE X 4,16.

16 Kolb 2001, 107.
17 So Girardet 1998, 13 Anm. 11.
18 Kolb 2001, 207f.
19 Girardet 1998, 27; s. ferner Brandt 1998, 105ff. 128ff.
20 Allen voran in jüngerer Zeit Bleicken 1992, 23ff.
21 Lact. mort. pers. 44,4–6; das folgende nach Brandt 1998, 105–109.
22 Girardet 1998, 43 mit Anm. 136f. Vorher begegnet das Christogramm bildlich bereits auf dem Silbermedaillon von Ticinum im Jahre 315 (o. S. 18); zum noch unklaren Befund angeblich konstantinischer Wandinschriften mit dem Christogramm und Staurogramm in der «Domus Faustae» im Lateran siehe einstweilen Girardet 1998, 41f. Anm. 132.
23 So die These von Girardet 1998, 42 Anm. 135.
24 Bleicken 1992, 30f.; Bleckmann 1996, 58f.
25 Eus. HE X 7,1; Dörries 1954, 18f.
26 Eus. VC I 28–29.
27 Eus. VC I 31,1–2; Brandt 1998, 152.
28 Bleckmann 1996, 61; Marcone 2002, 75.
29 Bleckmann 1992, 151–170; Brandt 1995, 107–117; allgemein: G. Weber, Kaiser, Träume und Visionen in Prinzipat und Spätantike, Stuttgart 2000.
30 Dies gegen Rosen 2001, besonders 253, der zu strikt auf dem Befund insistiert, daß «gerade von einer Bekehrung die zeitgenössischen literarischen Quellen aus den Jahren 312 bis 324 kein einziges Wort sagen». Dies ist weniger ein stichhaltiges Argument gegen die Existenz des ‹qualitativen Sprungs› als vielmehr ein Reflex des «politischen Instinktes und des politischen Fingerspitzengefühls dieses ersten christlichen Herrschers» (Girardet 1998, 45).
31 Zu dieser auch heute noch kontrovers beantworteten Frage nach einem älteren Vorgängerbogen s. jetzt die Hinweise bei Giuliani 2000, 281 Anm. 48.
32 Statt ausführlicher Literaturangaben seien hier nur wenige neueste Arbeiten genannt (welche alle älteren Nachweise enthalten): Brandt 1998, 130–132; Thümmel 1998, 145ff.; Rohmann 1998, 259–282; Giuliano 2000, 444–474; Melcucco Vaccaro 2001, 57–82; Mayer 2002, 185ff.
33 Marcone 2002, 77.
34 ILS 694; Brandt 1998, 133.
35 So auch Girardet 1998, 36; ferner besonders Dörries 1954, 224f.
36 Kolb 2001, 65f., mit der bemerkenswerten Parallele in Pan. Lat. XII (9) 11,4.

37 Giuliani 2000, 270f.
38 So zuletzt Rohmann, 1998.
39 So zuletzt Thümmel 1998, 147.
40 Thümmel 1998, 147; Rohmann 1998, 273ff.
41 Thümmel 1998, 147.
42 Thümmel 1998, 147.
43 Bringmann 1995, 45.
44 Das Folgende primär nach Giuliani 2000, 269–287.
45 Giuliani 2000, 281. Schon diese Erkenntnis spricht entschieden gegen die ohnehin unplausible These von Mastino/Teatini 2003, 273–327 (besonders 316), zusammen mit den Zehnjahresfeiern habe Konstantin im Sommer 315 einen Triumph über die Germanen in Rom gefeiert.
46 Giuliani 2000, 277.
47 Giuliani 2000, 285.

IV. CHRISTIANISIERUNG UND MONARCHISIERUNG: 312–324

1 Eus. Triak. passim., besonders LC III 6.
2 So vor allem Bleicken 1992, dagegen siehe bereits Bringmann 1995, 21–47.
3 Eus. HE IX 7,3–14, zitiert nach der Übersetzung von P. Guyot, in: P. Guyot/R. Klein, Das frühe Christentum bis zum Ende der Verfolgungen, Darmstadt 1997, 185ff.; s. ferner Mitchell 1988, 105–124; Corcoran 2000, 149–151.
4 Überliefert bei Lact. mort. pers. 48,2ff.; ähnlich Eus. HE X 5,2ff.
5 Girardet 1998, 66.
6 Anon. Val. V 14f.
7 Anon. Val. V 15.
8 Auch zum folgenden s. vor allem Anon. Val. V 16ff.
9 Zos. 2,20,1.
10 Anon. Val. V 18.
11 RIC VII 422f.; 479f. u.ö.
12 Anon. Val. V 20.
13 Der informativste zeitgenössische Bericht findet sich bei Anon. Val. V 23–28.
14 Eus. VC II 19, 1–2.
15 RIC VII 573, Nr. 26.
16 Eus. HE X 9,6.

17 Eus. HE X 5,15–17; 6,1–5; Dörries 1954, 16–18.
18 Eus. HE X 6,1.
19 Eus. HE X 6,4.
20 Eus. HE X 5,15.
21 Eus. HE X 6,1.
22 Eus. HE X 7,2.
23 Ausführlich dazu: Girardet 1989.
24 Schreiben Konstantins an Miltiades: Eus. HE X 5,18–20; Dörries 1954, 20f.
25 Girardet 1989, 206.
26 Girardet 1992.
27 Girardet 1989 a.
28 Dörries 1954, 21–33.
29 Opt. Appendix V.= v. Soden (o. Kap. I, Anm. 37.) Nr. 18, 2ff., nach Dörries 1954, 28.
30 Opt. Appendix III = v. Soden (o. Kap. I, Anm. 37) Nr. 14; Dörries 1954, 21–24; nach der Übersetzung von Girardet 1998, 55, vgl. ebd. 71.
31 Opt. Appendix V = v. Soden (o. Kap. I, Anm. 37) Nr. 18; Dörries 1954, 28–33.
32 Dörries 1954, 31.
33 v. Soden (o. Kap. I, Anm. 37) Nr. 30f.; Dörries 1954, 37–39; Keil 1995, 86ff.
34 So freilich Bleicken 1992, 47.
35 So ebenfalls Bleicken, ebd.
36 Grundlegend ist jetzt Matthews 2002.
37 Zur Differenzierung von *leges generales*, Reskripten etc. s. Matthews 2002, 25.
38 Corcoran 2000, 159.
39 Dies gegen Vogt 1945, 118ff.; vgl. die Kritik bei Ehrhardt 1955, 418 mit Anm. 1.
40 Dazu Ehrhardt 1955, bes. 434ff.
41 Zum Datum s. Corcoran 2000, 155 Nr. 63.
42 Eus. HE X 7,2 = v. Soden (o. Kap. I, Anm. 37) Nr. 9; Dörries 1954, 18f.; vgl. Ehrhardt 1955, 442f.; Girardet 1998, 114f.; Corcoran 2000, 159.
43 So richtig Girardet 1998, 115ff.; unzutreffend weiterhin – trotz der ausführlichen Heranziehung von Girardet – Piepenbrink 2002, 110.
44 Dörries 1954, 168f.; zum Datum Corcoran 2000, 250 mit Anm. 100; 306.

45 CTh 9,40,2.
46 Aur. Vict. Caes. 41,4–5; Sozom. HE 1,8,13.
47 Herrmann 1980, 290ff.
48 CTh 4,7,1; vgl. Corcoran 2000, 167.
49 Dörries 1954, 182.
50 So ohne Vorbehalte Dörries, ebd.
51 CTh 2,8,1; CJ 3,12,2; zur Datierungsproblematik knapp Corcoran 2000, 312.
52 Dörries 1954, 181.
53 So zuletzt dezidiert Wallraff 2001, 96ff.
54 Wallraff 2001, 98.
55 Eus. VC 4,20,1.
56 So aber Wallraff 2001, 96ff.
57 CTh 1,27,1; Dörries 1954, 172f.; Girardet 1998, 117.
58 So Piepenbrink 2002, 111.
59 CTh 16,2,4; Dörries 1954, 183; Girardet 1998, 117f. Für seine Behauptung, daß die christliche Kirche schon vor 303 Erbschaften anzutreten befugt gewesen sei, bleibt Barnes (1998, 280) jeglichen stichhaltigen Beleg schuldig.
60 CTh 16,2,4. Zu «catholicae» ist gewiß «ecclesiae» zu ergänzen.
61 Grundlegend für das folgende: Brandenburg 1992, 27–58; Brandenburg 2004.
62 Zum Lateran: Brandenburg 2004, 20ff.
63 Brandenburg 1992, 40ff.; ders. 2004, 55ff.
64 Eus. VC III 47,1; zum dort gefundenen, heute im vatikanischen Museum befindlichen, aus Porphyr gefertigten, sogenannten Helena-Sarkophag s. G. Bovini/H. Brandenburg, Repertorium der christlichen antiken Sarkophage I, 1977, Nr. 175; ferner u. S. 147.
65 In dieser Hinsicht scheint mir Girardet 1998, 78ff., bisweilen etwas zu weit zu gehen.
66 Barnes 2002, 198.
67 Girardet 1998, 77f.
68 Leppin 2004, 68ff.
69 Brown 1998, 13–44.
70 Lact. mort. pers. 48,2–12; Eus. HE X 5,2–24.
71 So Girardet 1998, 68.
72 Unerfindlich ist mir, wie Barnes (1998, 293) die These vertreten kann, daß bereits in der zweiten Hälfte des 3. Jahrhunderts das Christentum sukzessive zur herrschenden Religion im römischen Reich avanciert sei.
73 CTh 7,20,2; zum Datum siehe Corcoran 2000, 257–259. Im

Codex Iustinianus ist diese Formel dann zu «Deus te nobis servet» («Gott möge dich uns erhalten») ‹emendiert› worden. (CJ 12,46,1).

74 Knapp: Girardet 1998, 87f.; Piepenbrink 2002, 112–114; ausführlicher und mit weiteren Hinweisen: Curran 1996, 68–80.

75 CTh 9,16, 1.2.

76 CTh 16,10,1.

77 Girardet 1998, 88.

78 Berrens 2004, 153ff.

79 Wallraff 2001, 130; s. auch Leeb 1992, 9–28.

80 Thümmel 1998, 146ff.

81 Nachweise bei Grünewald 1990, 96, und Thümmel 1998, 150ff.

82 R.-Alföldi 1964, 52ff.

83 Grünewald 1990, 136.

84 Wallraff 2001, 131ff.; Tantillo 2003 b; näheres s.unten S. 125ff.

85 Eus. LC III 4 (Drake 1976, 87).

86 Diese epigraphische Standardformel findet sich auch in zahlreichen konstantinischen Inschriften, siehe die Liste bei Grünewald 1990, 274f.

87 Marcone 2002, 152ff.

88 Clauss 1986, 1081ff.

89 Brandt 1988, 122.

90 Demandt 1989, 261f.

91 Migl 1994; Porena 2003; Coşkun 2004.

92 Brandt 1998, 22ff.

93 Migl 1994, 68; Porena 2003, 572.

94 Migl 1994.

95 N. Elias, Die höfische Gesellschaft. Untersuchungen zur Soziologie des Königtums und der höfischen Aristokratie, Darmstadt 1969; A. Winterling, «Hof». Versuch einer idealtypischen Bestimmung anhand der mittelalterlichen und frühneuzeitlichen Geschichte, in: ders. (Hg.), Zwischen «Haus» und «Staat». Antike Höfe im Vergleich, München 1997, 11–26; zur Spätantike: C. Gizewski, «Informelle Gruppenbildungen» in unmittelbarer Umgebung des Kaisers an spätantiken Höfen, in: Winterling, ebd., 113–149.

96 Kolb 2001, 38ff.

97 Kolb 2001, 72–80.

98 Siehe die Hinweise bei Brandt 1988, 25ff.; Brandt 1998, 123ff.

99 M. R.-Alföldi, Antike Numismatik, Bd. 1, Mainz 1978, 158.

100 Anonymus de rebus bellicis II 1–2, vgl. Brandt 1988, 38ff.

101 Grundlegend dazu: R.-Alföldi 1963.

102 Zos. 2,38; Brandt 1998, 125.
103 So Barnes 1982, 48; richtig dagegen Girardet 1998, 96.
104 Grundlegend: v. Haehling 1978.
105 CIL VIII 8412 = ILS 696 = Brandt 1998, 110ff.
106 Barcelo 1981, 12ff.; Grünewald 1989, 171ff.
107 Heinen 2002, 224f.
108 Pan. Lat. VI (7) 22,4–5.
109 Heinen 2002, 266ff.; Marcone 2002, 49ff.
110 Simon 1986; Heinen 2002, 269ff.
111 R.-Alföldi 1991.
112 Kienast 1990, 43.
113 Grünewald 1990, 114ff.
114 Pan. Lat. IV (10) 38,3.

V. CHRISTLICHER MONARCH UND WELTHERRSCHER: 324–337

1 CIL X 677 = Grünewald 1990 Nr. 278.
2 Drake 1976.
3 Kolb 2001, 76ff. 201ff.; R.-Alföldi 2004, 70ff.
4 Eus. LC III 4 (Drake 1976, 87).
5 Eus. LC III 6 (Drake 1976, 87).
6 Zuletzt Rosen 2001, 261f.
7 Kolb 2001, 201f.
8 Siehe bereits Eus. VC I 18,1.
9 Eus. VC III 15,1.
10 Eus. VC III 6,1–7,2.
11 Eus. VC I 44,1.
12 Girardet 1998, 102ff.; Winkelmann 1998, 137f.
13 Ritter 1978.
14 Eus. VC II 63.
15 Lippold 1981.
16 Eus. VC II 64–72.
17 Girardet 1993, 336f.
18 v. Soden (o. Kap. I, A. 37) 23 = Keil 1995 Nr. 13 a, in der Übersetzung nach Girardet 1993, 337.
19 G. Visonà, Art. Ostern/Osterfest/Osterpredigt I, Theologische Realenzyklopädie 25, 1995, 517–530; Brandt 1998, 142ff.; Wallraff 2001, 110ff.
20 Zum folgenden vor allem Girardet 1993, 349ff.; Marcone 2002, 125ff.

21 Eus. VC III 12,1–5.
22 Staats 1996, bes. 158ff.
23 Girardet 1993, 359.
24 Zos. 2,29,1.
25 Zos. 2,29,3f. (nach der Übersetzung von Bleckmann 1996, 96).
26 Zos. 2,29,2.
27 Philostorg. II 4 a.
28 S. zuletzt Marcone 2002, 129–135.
29 Zos. 2,29,2.
30 Eutr. 10,6,3.
31 RIC VII 203 Nr. 442; grundlegend jetzt: Rosen 2004, 113ff.
32 So der Konsul des Jahres 331, Flavius Ablabius, bei Sid Apoll. 5,8,2.
33 Rosen 2004, 116.
34 ILS 708. 710.
35 Marcone 2002, 133.
36 In diese Richtung denkt Marcone 2002, 133f.
37 CTh 9,7,2; s. auch CTh 9,7,1.
38 CTh 9,9,1 (Mai 326).
39 CJ 5,26,1.
40 So etwa Barnes 1998, 290.
41 Girardet 1998, 88ff.
42 Eus. VC II 56,1–2.
43 Eus. VC III 56,1.
44 Eus. VC III 58,3.
45 Alle Einzelnachweise zur modernen Literatur bei Girardet 1998, 93ff.
46 Dies ausdrücklich gegen Barnes 2002, 199; s. auch Lib. or. 30,6.
47 Vgl. auch Wallraff 2001, 132.
48 R.-Alföldi 2004, bes. 69f.
49 R.-Alföldi 1964, 52ff.
50 Tantillo 2003 a, 65.
51 Tantillo 2003 b.
52 Wallraff 2001, 133f.; s. ferner unten S. 140f.
53 Philostorg. II 17.
54 Staats 1996, 232.
55 Eus. VC I 43,3.
56 Bleckmann 1996, 99.
57 ILS 705; Dörries 1954, 209ff.
58 Dörries 1954, 211; Freis 1994, 249f.
59 ILS 6091 = Dörries 1954, 212ff. = Freis 1994, 250ff.

60 Eus. VC II 44.
61 Dies gegen Barnes 2002, 200; s. hingegen richtig Girardet 1998, 96f. mit zahlreichen Nachweisen.
62 Salzmann 2002, bes. 99–101.
63 Girardet 1998, 97.
64 Rosen 2001, 260ff.
65 Paraphrase der einschlägigen Quellentexte bei Dörries 1954, 95ff.
66 Zur Datierung mit guten Argumenten Bleckmann 1997; zustimmend Marcone 2002, 141; ausführlich zu dieser Rede auch Dörries 1954, 129–161.
67 Const. Sirm. 1; vgl. Matthews 2002, 160f.
68 Bleckmann 1995, 39.
69 Eus. VC IV 5,1–2; Brandt 1998, 113f.
70 Zos. 2,31; Bleckmann 1995, 39ff.
71 So eine ansprechende Vermutung von Bleckmann 1995, 50.
72 Grünewald 1990, 147ff.
73 Anon. Val. VI 31; Brandt 1998,112ff.
74 Zur Diskussion s. Brandt 1998, 115ff.
75 Eus. VC IV 6,1.
76 Winter/Dignas 2001.
77 Winter/Dignas 2001, 144–155.
78 Eus. VC IV 9–13.
79 Eus. VC IV 56,1.
80 Eus. VC III 48,1.
81 Anon. Val. VI 30; Bleckmann 1995, 54 mit Anm. 98.
82 Sozom. HE 2,3,2.
83 R.-Alföldi 2004.
84 Sozom. ebd.; s. auch Socr. HE 1,16,1 sowie Leppin 1996, 43.
85 Zos. 2,30,1.
86 Eus. VC III 48
87 Greg. Naz. Carm. in se ipsum 10,1–8 (PG 37,1027); Beck 1964, 172.
88 R.-Alföldi 2004, 76 (mit Belegen ebd. 75ff.).
89 Ebd. 82; insofern sind meine früheren Einschätzungen (Brandt 1998, 30.118–122) geringfügig zu modifizieren.
90 Chantraine 1992 a, 5f.; vgl. auch Roma e Costantinopoli 2002, 79ff.
91 Anon. Val. VI 30.
92 Grundlegend jetzt (mit der Einarbeitung aller wichtigen Quellen und gelehrten Literatur): Bauer 1996, 143–268.

93 Zos. 2,35,1.
94 Zos. 2,30,2–31,3.
95 Bauer 1996, 167–187.
96 So Wallraff 2001, 133; zurückhaltender: Speck 1995, 150; s.auch Mayer 2002, 97.
97 Leon. Gramm. 87,17; Bauer 1996, 176f., Wallraff 2001, 133f.
98 Philostorg HE II 17.
99 Bauer 1996, 177ff.
100 Hier. chron. ad a. 330, p. 232,24f.
101 Bauer 1996, 148ff.
102 R.-Alföldi 2004, 85.
103 Bauer 1996, 162.
104 Bauer 1996, 247ff.
105 Bauer 1996, 228ff.
106 Zonar. 13,3,6f.; Bauer 1996, 233; Brandt 1998, 120.
107 So aber Girardet 1998, 112.
108 Eus. VC III 48,2.
109 CTh 13,5,7. Nicht überzeugend (wenn auch grammatisch möglich) ist die Übersetzung von Speck 1995, 150: «die Stadt, die wir Gott auf Befehl des ewigen Namens geschenkt haben.»
110 Kolb 2001, 80–86.
111 Bauer 1996, 162f.
112 Bleckmann 1996, 9.
113 Clauss 2002, 357.
114 Eus. VC I 11,1–2.
115 Eus. VC I 11,2.
116 Bleckmann 1996, 16.
117 Brandenburg 2004, 103ff.
118 Eus. VC III 47,1.
119 Delbrück bei Kolb 2001, 148.
120 L. Faedo, I porfidi: *imagines* di potere, in: S. Ensoli/E. La Rocca (Hgg.), Aurea Roma. Dalla città pagana alla città cristiana, Rom 2000, 61–65.
121 Bauer 1996, 355ff.
122 CIL VI 1134 = ILS 709; Übersetzung nach Clauss 2002, 357, der allerdings unkorrekt «Constans» statt «Constantius (II.)» übersetzt.
123 Eus. VC III 46,1.
124 Eus. VC IV 46.
125 Drake 1976.
126 Eus. LC III 4; Wallraff 2001, 138; Marcone 2002, 167.

127 Eus. LC III 4; Wallraff 2001, 138.
128 Eus. VC IV 51,1.
129 Socr. HE 1,39,3; Soz. HE 2,34,1f.
130 Epit. Caes. 41,19f.; Brandt 1998, 147ff.
131 Zum folgenden siehe vor allem Chantraine 1992 b.
132 Überflüssig wäre dieser Hinweis, wenn man mit Drake 1976 – wie ich auch – die Tricennalienrede erst auf den 25. Juli 336 datieren würde, für 335 s. aber wieder Demandt 1989, 78 mit Anm. 87, und jetzt auch Marcone 2002, 7. 166f.
133 Chantraine 1992 b, 15ff.; Brandt 1998, 149f.
134 Kolb 2001, 246 mit Anm. 731.

VI. ENDE UND ERINNERUNG

1 Eus. VC IV 56,1; grundlegend zur Taufe Konstantins immer noch: Dölger 1913.
2 Eus. Triak. XVI 6 (Drake 1976, 120); Fowden 1994, 146.
3 Socr. HE 1,18,12; Fowden 1994, 147.
4 Eus. VC IV 56.
5 Vgl. jetzt auch Amerise 2005, 123ff.
6 Einzelnachweise bei Fowden 1994, 148f.
7 Anon. Val. VI 35.
8 So die These von Fowden 1994, 147ff.
9 So richtig Amerise 2004, 4.
10 Socr. HE 1,18,12; o. S. 156; Gel. Cyz. HE 3,10,26f.
11 Joh. Mal. Chron. XIII 317, Dindorf; Joh. v. Nikiu, Chron. LXXV 11 61f.
12 Eus. VC IV 60,5–61,3.
13 So Bleckmann 1996, 128. Neuerdings kann Bleckmann seine plausible Lokalisierung durch die (noch unpublizierte, auf dem Trierer Konstantinkolloquium im Oktober 2005 vorgetragene) Erkenntnis absichern, daß Pythiatherma zum Territorium von Konstantinopel gehörte, die dort gelegenen Thermalquellen also aus der Sicht Konstantins und des Eusebius als diejenigen «seiner Stadt» gelten konnten. Abzulehnen sind daher Cameron/Hall (1999, 340) und Amerise (2005, 26), die an die konstantinischen Thermen im städtischen Zentrum von Konstantinopel denken.
14 Girardet 2004, 22.
15 Eus. VC IV 61,3–62,4.
16 Girardet 2004, 21.

17 Eus. VC IV 62,5.
18 Hier. chron. ad. a. 337, p. 234,3 ff.
19 Wallraff 2001, 122, mit Quellenverweisen.
20 Eus. VC IV 66,1.
21 H.-U. Wiemer, Alexander der Große, München 2005, 186.
22 Eus. VC IV 67,1.
23 Kolb 2001, 131 f.
24 Eus. VC IV 73.
25 Die folgende Beschreibung nach Kolb 2001, 253 f.
26 Vgl. die berühmte Frage des Johannes Chrysostomos: «Wie kann Alexander ein Gott sein?» (Hom. 26,5; Migne, Patrologia Graeca Bd. 61, 1862, p. 581); dazu und zum folgenden: Rebenich 2000, 300 ff.
27 Rebenich 2000, 308.
28 Eus. VC IV 67,2.
29 Eus. VC IV 67,3.
30 Eus. VC IV 70,1 f..
31 Eus. VC IV 58–60; ausführliche Hinweise auf die moderne Diskussion bei Rebenich 2000, 310 Anm. 50; wenig überzeugend hingegen Leeb 1992, 93 ff.
32 Eus. VC IV 60,2–4.
33 So auch Rebenich 2000, 311 ff. und Kolb 2001, 70.
34 Kolb 2001, 69; so auch explizit Eus. VC IV 69,2.
35 Rebenich 2000, 315.
36 Jul. or. 1,8 A; Philostorg. HE II 17.
37 G. Arnold, Die Erste Liebe. Das ist: Wahre Abbildung der ersten Christen nach ihren Lebendigen Glauben und Heiligen Leben. ..., 5. Auflage, Leipzig 1732, zitiert nach Nowak 1998, 188 Anm. 4.
38 Leppin 1996, 40–59.
39 Bleckmann 2004, 226 ff.
40 Siehe etwa zu Themistios und Konstantin, Brandt 2004.
41 Dölger 1913, 394 ff.; Pohlkamp 1984; Girardet 2004, 35 ff.
42 Winkelmann 1978.
43 Das folgende nach Ewig 1956.
44 Weiteres bei Brandt 2006.
45 Ewig 1956, 104.
46 Nachweise bei Wolfram 1960, 230 ff.
47 Zum folgenden Brandt 2006.
48 Dölger 1913, 377 f.; Amerise 2005, 24.
49 Dölger 1913, 377.

Verzeichnis der abgekürzt zitierten Quellen

Ambros. De obit. = Ambrosius, De obitu Theodosii, ed. O. Faller (CSEL Bd. 73, 1955, 369–401)

Anonymus De rebus bellicis = Anonymi Auctoris De rebus bellicis, ed. R. I. Ireland, Leipzig 1984

Anon. Val. = Anonymus Valesianus. Teil I. Origo Constantini, hg. v. I. König, Text und Kommentar, Trier 1987; englische Übersetzung und Kommentarnotizen in: Lieu/Montserrat 1996, 39–62

Aur. Vict. Caes. = Sex. Aurelii Victoris liber de Caesaribus, ed. F. Pichlmayer, Leipzig 1970

CIL = Corpus Inscriptionum Latinarum, Berlin 1863 ff.

CJ = Codex Iustinianus, hg.v. P. Krüger, Berlin 1877/92

Const. Sirm. = Constitutiones Sirmondianae, in: CTh

CTh = Codex Theodosianus, Teil I, hg. v. Th. Mommsen/P. Krüger, Berlin 1905

Epit. Caes. = Epitome de Caesaribus, ed. F. Pichlmayer, Sex. Aurelii Victoris liber de Caesaribus, ed. F. Pichlmayer, Leipzig 1970

Eus. HE = Eusebius, Kirchengeschichte, hg. v. H. Kraft, 3. Aufl. Darmstadt 1989

Eus. LC = Eusebius, Laus Constantini = Eus. Triak. I–X, in: I. A. Heikel, Eusebius. Werke I 1, Leipzig 1902; englische Übersetzung: Drake 1976, 83–102

Eus. Triak. = Eusebius, Triakontaëterikos, in: I. A. Heikel, Eusebius. Werke I 1, Leipzig 1902; englische Übersetzung: Drake 1976

Eus. VC = Eusebius, Vita Constantini, in: I. A. Heikel, Eusebius. Werke I 1, Leipzig 1902; F. Winkelmann, Eusebius, Werke I 1 (GCS): Über das Leben des Kaisers Konstantin, 2. Aufl. Berlin 1989; deutsche Übersetzung: J. M. Pfättisch, Des Eusebius Pamphili vier Bücher über das Leben des Kaisers Konstantin und des Kaisers Konstantin Rede an die Versammlung der Heiligen, München 1913; englische Übersetzung: Cameron/Hall 1999

Eutr. = Eutropius, Breviarium historiae Romanae, ed. C. Santini, Leipzig 1979

Gel.Cyz. HE = Gelasios von Kyzikos, Kirchengeschichte, ed. M. Heinemann, Leipzig 1918

Greg.Naz. Carm. in se ipsum = Gregor von Nazianz, in: Migne, Patrologia Graeca (PG) Bd. 37, 1862, 969ff.

Hier. Chron. = Hieronymus. Chronik, ed. R. Helm, Eusebius. Werke Bd.VII (GCS), 3. Aufl. Berlin 1984

ILS = Inscriptiones Latinae Selectae, ed. H. Dessau, Berlin 1892ff.

Iul.or. = Iuliani imperatoris quae supersunt, ed. F. C. Hertlein, Bd. I, Leipzig 1875

Joh.Mal. Chron. = Johannes Malalas, Chronik, ed. L. Dindorf, Bonn 1931

Joh. v. Nikiu, Chron. = Johannes von Nikiu, Chronik, ed. R. H. Charles, Oxford 1916

Lact. Inst. = Lactantius, Divinae Institutiones, ed. S. Brandt (CSEL Bd. 19, 1890)

Lact. mort. pers. = Lactantius, de mortibus persecutorum, ed. J. L. Creed, Oxford 1984 (mit englischer Übersetzung)

Leon. Gramm. = Leonis Grammatici Chronographia, ed. I. Bekker, Bonn 1842

Lib.or. = Libanios, orationes, ed. R. Förster, Libanii opera, Leipzig 1903ff.

Opt. Appendix = Optatus, Appendix = H. v. Soden, Urkunden zur Geschichte des Donatismus, 2. Aufl. Berlin 1950

Pan.Lat. = XII Panegyrici Latini, ed. R.A.B. Mynors, Oxford 1964; englische Übersetzung: Nixon/Rodgers 1994

Philostorg. = Philostorgius, Kirchengeschichte. Mit dem Leben des Lucian von Antiochia und den Fragmenten eines arianischen Historiographen (GCS), ed. J. Bidez/F. Winkelmann, 3. Aufl. Berlin 1981

RIC = Roman Imperial Coinage Bd. VI (A.D. 294–313), ed. C.H.V. Sutherland, London 1967; Bd. VII (A.D. 313–337), ed. P.M. Bruun, London 1966

Sid.Apoll. = C. Sollius Apollinaris Sidonius, ed. P. Mohr, Leipzig 1895

Socr. HE = Sokrates, Kirchengeschichte (GCS), ed. G.C. Hansen, Berlin 1995

Sozom. HE = Sozomenos, Kirchengeschichte (GCS), ed. G. C. Hansen, Berlin 1960

Zonar. = Johannes Zonaras, Epitome Historiarum, ed. T. Büttner-Wobst, Bonn 1897

Zos. = Zosimus, Neue Geschichte, ed. F. Paschoud, Paris 1971 ff.; deutsche Übersetzung: O. Veh/S. Rebenich, Stuttgart 1990

Verzeichnis der abgekürzt zitierten Literatur

Amerise 2004 = M. Amerise, Considerazioni sulla ‹Vita Constantini›: il battesimo di Costantino, Bizantinistica V 2003, Spoleto 2004, 1–12

Amerise 2005 = M. Amerise, Il battesimo di Costantino il Grande. Storia di una scomoda eredità, Stuttgart 2005

Barceló 1981 = P. Barceló, Roms auswärtige Beziehungen unter der constantinischen Dynastie (306–363), Eichstätt 1981

Barceló 1988 = P. Barceló, Die Religionspolitik Kaiser Constantins des Großen vor der Schlacht an der Milvischen Brücke (312), Hermes 116, 1988, 76–94

Barnes 1973 = T. D. Barnes, Lactantius and Constantine, Journal of Roman Studies 63, 1973, 29–46

Barnes 1982 = T. D. Barnes, The New Empire of Diocletian and Constantine, Cambridge/Mass. 1982

Barnes 1998 = T. D. Barnes, Constantine and Christianity: Ancient Evidence and Modern Interpretations, Zeitschrift für Antike und Christentum 2, 1998, 274–294

Barnes 2002 = T. D. Barnes, From Toleration to Repression: The Evolution of Constantine's Religious Policies, Scripta Classica Israelica 21, 2002, 189–207

Bauer 1996 = F. A. Bauer, Stadt, Platz und Denkmal in der Spätantike. Untersuchungen zur Ausstattung des öffentlichen Raumes in den spätantiken Städten Rom, Konstantinopel und Ephesos, Frankfurt a. M. 1996

Beck 1964 = H.-G. Beck, Konstantinopel das neue Rom, Gymnasium 71, 1964, 166–174

Berrens 2004 = S. Berrens, Sonnenkult und Kaisertum von den Severern bis zu Constantin I. (193–337), Stuttgart 2004

Bleckmann 1992 = B. Bleckmann, Pagane Visionen in der Chronik des Johannes Zonaras, in: Bonamente/Fusco 1992/93, Bd. 1, 151–170

Bleckmann 1995 = B. Bleckmann, Constantin und die Donaubarbaren, Jahrbuch für Antike und Christentum 38, 1995, 38–66

Bleckmann 1996 = B. Bleckmann, Konstantin der Große, Reinbek bei Hamburg 1996

Bleckmann 1997 = B. Bleckmann, Ein Kaiser als Prediger: Zur Datierung der Konstantinischen «Rede an die Versammlung der Heiligen», Hermes 125, 1997, 183–202

Bleckmann 2004 = B. Bleckmann, Konstantin in der Kirchengeschichte Philostorgs, Millennium 1, 2004, 185–232

Bleicken 1992 = J. Bleicken, Constantin der Große und die Christen. Überlegungen zur Konstantinischen Wende, München 1992

Bonamente 1978 = G. Bonamente, Eutropio e la tradizione pagana su Costantino, in: L. Gasperini (Hg.), Scritti storici-epigrafici in memoria di M. Zambelli, Rom 1978, 17–59

Bonamente/Fusco 1992/93 = G. Bonamente/F. Fusco (Hg.), Costantino il Grande, 2 Bde., Macerata 1992/93

Brandenburg 1992 = H. Brandenburg, Die Konstantinischen Kirchen in Rom. Staatstragender Kult und Herrscherkult zwischen Tradition und Neuerung, in: O. Brehm/S. Klie (Hg.), Musikos Aner. Festschrift M. Wegner, Bonn 1992, 27–58

Brandenburg 2004 = H. Brandenburg, Die frühchristlichen Kirchen Roms vom 4. bis zum 7. Jahrhundert. Der Beginn der abendländischen Kirchenbaukunst, Regensburg 2004

Brandt 1988 = H. Brandt, Zeitkritik in der Spätantike. Untersuchungen zu den Reformvorschlägen des Anonymus De rebus bellicis, München 1988

Brandt 1995 = H. Brandt, Die ‹heidnische Vision› Aurelians (HA, A 24, 2–8) und die christliche Vision Konstantins des Großen, in: Historiae Augustae Colloquium III, Macerata 1995, 107–117

Brandt 1998 = H. Brandt, Geschichte der römischen Kaiserzeit. Von

Diokletian und Konstantin bis zum Ende der Konstantinischen Dynastie (284–363), Berlin 1998

Brandt 2001 = H. Brandt, Das Ende der Antike (2001), 2. Aufl. München 2004

Brandt 2004 = H. Brandt, Temistio e Costantino il Grande, Bizantinistica V 2003, Spoleto 2004, 159–170

Brandt 2006 = H. Brandt, Im Zeichen des Kreuzes. Konstantin und die Schlacht an der Milvischen Brücke, in: K.-J. Hölkeskamp/E. Stein-Hölkeskamp (Hg.), Erinnerungsorte der Antike, Rom und sein Imperium (im Druck)

Bringmann 1995 = K. Bringmann, Die Konstantinische Wende. Zum Verhältnis von politischer und religiöser Motivation, Historische Zeitschrift 260, 1995, 21–47

Brown 1998 = P. Brown, Autorität und Heiligkeit. Aspekte der Christianisierung des Römischen Reiches, Stuttgart 1998

Bruun 1997 = P. Bruun, The Victorious Signs of Constantine: A Reappraisal, Numismatic Chronicle 157, 1997, 41–59

Burckhardt 1853/80 = J. Burckhardt, Die Zeit Constantins des Großen, (ND) München 1982

Cameron/Hall 1999 = Av. Cameron/St. G. Hall, Eusebius. Life of Constantine, Oxford 1999

Chantraine 1992 a = H. Chantraine, Konstantinopel – vom Zweiten Rom zum Neuen Rom, Geschichte in Wissenschaft und Unterricht 43, 1992, 3–15

Chantraine 1992 b = H. Chantraine, Die Nachfolgeordnung Constantins des Großen, Stuttgart 1992

Clauss 1986 = M. Clauss, Artikel «Heerwesen», Reallexikon für Antike und Christentum 13, 1986, 1073–1113

Clauss 1996 = M. Clauss, Konstantin der Große und seine Zeit (1996), 2. Aufl. München 2005

Clauss 2002 = M. Clauss, Die Frauen der diokletianisch-konstantinischen Zeit, in: H. Temporini-Gräfin Vitzthum (Hg.), Die Kaiserinnen Roms, München 2002, 340–369

Corcoran 2000 = S. Corcoran, The Empire of the Tetrarchs. Imperial Pronouncements and Government AD 284–324, 2. Aufl. Oxford 2000

Coşkun 2004 = A. Coşkun, Die *Praefecti praesent(al)es* und die Regionalisierung der Praetorianerpraefecturen im vierten Jahrhundert, Millennium 1, 2004, 279–328

Creed 1984 = J.L. Creed, Lactantius, De mortibus persecutorum, Oxford 1984

Curran 1996 = J. Curran, Constantine and the Ancient Cults of Rome: the Legal Evidence, Greek, Roman and Byzantine Studies 43, 1996, 68–80

Demandt 1989 = A. Demandt, Die Spätantike, München 1989

Dölger 1913 = F.J. Dölger, Die Taufe Konstantins und ihre Probleme, in: F.J. Dölger (Hg.), Konstantin der Große und seine Zeit, Freiburg i. Br. 1913, 377–447

Dörries 1954 = H. Dörries, Das Selbstzeugnis Konstantins, Göttingen 1954

Drake 1976 = H.A. Drake, In Praise of Constantine. A Historical Study and New Translation of Eusebius' Tricennial Orations, Berkeley 1976

Ehrhardt 1955 = A. A. T. Ehrhardt, Constantin der Große. Religionspolitik und Gesetzgebung (1955), in: Kraft 1974, 388–456

Ewig 1956 = E. Ewig, Das Bild Constantins des Großen in den ersten Jahrhunderten des abendländischen Mittelalters (1956), in: E. Ewig, Spätantikes und Fränkisches Gallien Bd. 1, München 1976, 72–113

Fowden 1994 = The Last Days of Constantine: Oppositional Versions and their Influence, Journal of Roman Studies 84, 1994, 146–170

Freis 1994 = H. Freis, Historische Inschriften zur römischen Kaiserzeit von Augustus bis Konstantin, 2. Aufl. Darmstadt 1994

Girardet 1989 = K.M. Girardet, Die Petition der Donatisten an Kaiser Konstantin (Frühjahr 313) – historische Voraussetzungen und Folgen, Chiron 19, 1989, 185–206

Girardet 1989 a = K.M. Girardet, Konstantin der Große und das Reichskonzil von Arles (314). Historisches Problem und methodologische Aspekte, in: D. Papandreov u.a. (Hg.), Oecumenica et Patristica. Festschrift W. Schneemelcher, Genf 1989, 151–174

Girardet 1992 = K.M. Girardet, Das Reichskonzil von Rom (313) – Urteil, Einspruch, Folgen, Historia 41, 1992, 104–116

Girardet 1993 = K. M. Girardet, Der Vorsitzende des Konzils von Nicaea (325) – Kaiser Konstantin d. Gr., in: K. Dietz u. a. (Hg.), Klassisches Altertum, Spätantike und frühes Christentum. Festschrift A. Lippold, Würzburg 1993, 331–360

Girardet 1998 = K. M. Girardet, Die Konstantinische Wende und ihre Bedeutung für das Reich. Althistorische Überlegungen zu den geistigen Grundlagen der Religionspolitik Konstantins d. Gr., in: Mühlenberg 1998, 9–122

Girardet 2004 = K. M. Girardet, Die Teilnahme Kaiser Konstantins am Konzil von Nicaea (325) in byzantinischen Quellen, Bizantinistica V 2003, Spoleto 2004, 13–50

Giuliani 2000 = L. Giuliani, Des Siegers Ansprache an das Volk. Zur politischen Brisanz der Frieserzählung am Constantinsbogen, in: Chr. Neumeister/W. Raeck (Hg.), Rede und Redner. Bewertung und Darstellung in den antiken Kulturen, Möhnesee 2000, 269–297

Giuliano 2000 = A. Giuliano, L'arco di Costantino come documento storico, Rivista Storica Italiana 112, 2000, 444–474

Grünewald 1989 = Th. Grünewald, Ein epigraphisches Zeugnis zur Germanenpolitik Konstantins des Großen: Die Bauinschrift des Deutzer Kastells (CIL XIII 8502), in: H. E. Herzig/R. Frei-Stolba (Hgg.), Labor omnibus unus. Festschrift G. Walser, Stuttgart 1989, 171–185.

Grünewald 1990 = Th. Grünewald, Constantinus Maximus Augustus. Herrschaftspropaganda in der zeitgenössischen Überlieferung, Stuttgart 1990

Grünewald 1992 = Th. Grünewald, «Constantinus Novus». Zum Constantin-Bild des Mittelalters, in: Bonamente/Fusco 1992/93 Bd. 1, 461–485

Guyot/Klein 1997 = P. Guyot/R. Klein (Hg.), Das frühe Christentum bis zum Ende der Verfolgungen, Darmstadt 1997

v. Haehling 1978 = R. v. Haehling, Die Religionszugehörigkeit der hohen Amtsträger des römischen Reiches seit Constantins I. Alleinherrschaft bis zum Ende der Theodosianischen Dynastie (324–450 bzw. 455 n. Chr.), Bonn 1978

Heinen 2002 = H. Heinen, Trier und das Trevererland in römischer Zeit, 5. Aufl. Trier 2002

Herrmann 1980 = E. Herrmann, Ecclesia in re publica. Die Entwicklung der Kirche von pseudostaatlicher zu staatlich inkorporierter Existenz, Frankfurt a. M. 1980

Jones 1964/1986 = A. H. M. Jones, The Later Roman Empire, 3 Bde. (1964), ND Baltimore 1986

Keil 1995 = V. Keil, Quellensammlung zur Religionspolitik Konstantins des Großen, 2. Aufl. Darmstadt 1995

Kienast 1990 = D. Kienast, Römische Kaisertabelle. Grundzüge einer römischen Kaiserchronologie, Darmstadt 1990

König 1987 = I. König, Origo Constantini. Anonymus Valesianus, Teil 1, Text und Kommentar, Trier 1987

Kolb 1987 = F. Kolb, Diocletian und die erste Tetrarchie. Improvisation oder Experiment in der Organisation monarchischer Herrschaft?, Berlin 1987

Kolb 2001 = F. Kolb, Herrscherideologie in der Spätantike, Berlin 2001

Kraft 1974 = H. Kraft (Hg.), Konstantin der Große, Darmstadt 1974

Kuhoff 1991 = W. Kuhoff, Ein Mythos in der römischen Geschichte. Der Sieg Konstantins des Großen über Maxentius vor den Toren Roms am 28. Oktober 312 n. Chr., Chiron 21, 1991, 127–174

Leeb 1992 = R. Leeb, Konstantin und Christus. Die Verchristlichung der imperialen Repräsentation unter Konstantin dem Großen als Spiegel seiner Kirchenpolitik und seines Selbstverständnisses als christlicher Kaiser, Berlin 1992

Leppin 1996 = H. Leppin, Von Constantin dem Großen zu Theodosius II. Das christliche Kaisertum bei den Kirchenhistorikern Socrates, Sozomenus und Theodoret, Göttingen 1996

Leppin 2004 = H. Leppin, Zum Wandel des spätantiken Heidentums, Millennium 1, 2004, 59–81

Lieu/Montserrat 1996 = S. N. C. Lieu/D. Montserrat, From Constantine to Julian: Pagan und Byzantine Views, London 1996

Lippold 1981 = A. Lippold, Bischof Ossius von Cordova und Konstantin der Große, Zeitschrift für Kirchengeschichte 92, 1981, 1–15

Maier 1987 = J.-L. Maier, Le dossier du donatisme I, Berlin 1987

Marcone 2002 = A. Marcone, Pagano e cristiano. Vita e mito di Costantino, Rom 2002

Mastino/Teatini 2003 = A. Mastino/A. Teatini, Ancora sul discusso «trionfo» di Costantino dopo la battaglia del Ponte Milvio, in: G. Angeli Bertinelli/A. Donati (Hg.), Varia Epigraphica, Faenza 2003, 273–327

Matthews 2002 = J. F. Matthews, Laying Down the Law. A Study of the Theodosian Code, Yale 2002

Mayer 2002 = E. Mayer, Rom ist dort, wo der Kaiser ist. Untersuchungen zu den Staatsdenkmälern des dezentralisierten Reiches von Diocletian bis zu Theodosius II., Mainz 2002

Meier 1979 = Chr. Meier, Von der Schwierigkeit, ein Leben zu erzählen. Zum Projekt einer Caesar-Biographie, in: Theorie der Geschichte, Bd. 3: Theorie und Erzählung in der Geschichte, hg. v. J. Kocka/T. Nipperdey, München 1979, 229–258

Melucco Vaccaro 2001 = A. Melucco Vaccaro, L'arco dedicato a Costantino, Mitteilungen des Deutschen Archäologischen Instituts. Römische Abteilung 108, 2001, 57–82

Migl 1994 = J. Migl, Die Ordnung der Ämter. Prätorianerpräfektur und Vikariat in der Regionalverwaltung des römischen Reiches von Konstantin bis zur Valentinianischen Dynastie, Frankfurt a. M. 1994

Mitchell 1988 = St. Mitchell, Maximinus and the Christians in A. D. 312. A New Latin Inscription, Journal of Romans Studies 78, 1988, 105–124

Mühlenberg 1998 = E. Mühlenberg (Hg.), Die Konstantinische Wende, Gütersloh 1998

Müller-Rettig 1990 = B. Müller-Rettig, Der Panegyricus des Jahres 310 auf Konstantin den Großen. Übersetzung und historisch-philologischer Kommentar, Stuttgart 1990

Neri 1992 = V. Neri, Medius princeps. Storia e immagine di Costantino nella storiografia latina pagana, Bologna 1992

Nixon/Rodgers 1994 = C. E. V. Nixon/B. S. Rodgers, In Praise of Later Roman Emperors. The Panegyrici Latini, Berkeley 1994

Nowak 1998 = K. Nowak, Der erste christliche Kaiser. Konstantin der Große und das ‹Konstantinische Zeitalter› im Widerstreit der neueren Kirchengeschichte, in: Mühlenberg 1998, 186–233.

Paschoud 1971 = F. Paschoud, Zosime. Histoire nouvelle, tome 1, Paris 1971

Piepenbrink 2002 = K. Piepenbrink Konstantin der Große und seine Zeit, Darmstadt 2002

Pohlkamp 1984 = W. Pohlkamp, Kaiser Konstantin, der heidnische und der christliche Kult in den Actus Silvestri, Frühmittelalterliche Studien 18, 1984, 357–400

Porena 2003 = P. Porena, Le origini della prefettura del pretorio tardoantica, Rom 2003

R.-Alföldi 1963 = M. R.-Alföldi, Die constantinische Goldprägung, Mainz 1963

R.-Alföldi 1964 = M. R.-Alföldi, Die Sol Comes-Münze vom Jahre 325. Neues zur Bekehrung Constantins (1964), in: R.-Alföldi 2001, 52–59

R.-Alföldi 1991 = M. R.-Alföldi, Das Trierer Stadtbild auf Constantins Goldmultiplum: ein Jahrhundertirrtum (1991), in: R.-Alföldi 2001, 143–153

R.-Alföldi 2001 = M. R.-Alföldi, Gloria Romanorum. Schriften zur Spätantike, hg. v. H. Bellen und H.-M. v. Kaenel, Stuttgart 2001

R.-Alföldi 2004 = M. R.-Alföldi, Phoenix aus der Asche. Die Liburna, ein Gründungsmonument von Constantinopolis, Sitzungsberichte der Wiss. Ges. an der Univ. Frankfurt a. M. Bd. 42 Nr. 2, Stuttgart 2004

Rebenich 2000 = S. Rebenich, Vom dreizehnten Gott zum dreizehnten Apostel? Der tote Kaiser in der Spätantike, Zeitschrift für Antike und Christentum 4, 2000, 300–324

Ritter 1978 = A. M. Ritter, Arianismus, in: Theologische Realenzyklopädie 3, 1978, 692–719

Rohmann 1998 = J. Rohmann, Die spätantiken Kaiserporträts am Konstantinsbogen in Rom, Mitteilungen des Deutschen Archäologischen Instituts. Römische Abteilung 105, 1998, 259–282

Roma e Costantinopoli 2002 = F. Elia (Hg.), Politica retorica e simbolismo del primato: Roma e Costantinopoli (secoli IV–VII), Catania 2002

Rosen 2001 = K. Rosen, Cor regum inscrutabile. Eine quellenkritische Untersuchung zur Bekehrung Constantins des Großen, in: P. Barcelo/V. Rosenberger (Hg.), Humanitas. Festschrift für G. Gottlieb, München 2001, 247–281

Rosen 2004 = K. Rosen, Qui nigrum in candida vertunt. Die zeitgenössische Auseinandersetzung um Constantins Familientragödie und Bekehrung, Bizantinistica V, 2003, Spoleto 2004, 113–140

Salzmann 2002 = M. R. Salzmann, The Making of a Christian Aristocracy. Social and Religious Change in the Western Roman Empire, Cambridge/Mass. 2002

Schlumberger 1974 = J. Schlumberger, Die Epitome de Caesaribus. Untersuchungen zur heidnischen Geschichtsschreibung des 4. Jhs. n. Chr., München 1974

Simon 1986 = E. Simon, Die Konstantinischen Deckengemälde in Trier, Mainz 1986

Sommer 2004 = M. Sommer, Die Soldatenkaiser, Darmstadt 2004

Speck 1995 = P. Speck, Urbs, quam Deo donavimus. Konstantins des Großen Konzept für Konstantinopel, Boreas 18, 1995, 143–174

Staats 1996 = R. Staats, Das Glaubensbekenntnis von Nizäa-Konstantinopel. Historische und theologische Grundlagen, Darmstadt 1996

Tantillo 2003 a = I. Tantillo, Costantino e Helios pantepoptes: la statua equestre di Termessos, Epigraphica 65, 2003, 159–184

Tantillo 2003 b = I. Tantillo, L'impero della luce. Riflessioni su Costantino e il sole, Mélanges de l'Ecole Française de Rome 115, 2003, 985–1048

Thümmel 1998 = H. G. Thümmel, Die Wende Constantins und die Denkmäler, in: Mühlenberg 1998, 144–185

Vogt 1945 = J. Vogt, Zur Frage des christlichen Einflusses auf die Gesetzgebung Konstantins des Großen, in: Festschrift L. Wenger Bd. II, München 1945, 118–148

Vogt 1960 = J. Vogt, Constantin der Große und sein Jahrhundert, 2. Aufl. München 1960

Wallraff 2001 = M. Wallraff, Christus verus Sol. Sonnenverehrung und Christentum in der Spätantike, München 2001

Weiß 1993 = P. Weiß, Die Vision Constantins, in: J. Bleicken (Hg.), Colloquium für A. Heuß, Kallmünz 1993, 143–169 (jetzt erweitert in: Journal of Roman Archaeology 16, 2003, 230–259)

Winkelmann 1978 = F. Winkelmann, Das hagiographische Bild Konstantins I. in mittelbyzantinischer Zeit, in: V. Vavrinek (Hg.), Beiträge zur byzantinischen Geschichte im 9.–11. Jh., Prag 1978, 179–203

Winkelmann 1991 = F. Winkelmann, Euseb von Kaisareia. Der Vater der Kirchengeschichte, Berlin 1991

Winkelmann 1998 = F. Winkelmann, Die «Konstantinische Wende» und ihre Bedeutung für die Kirche, in: Mühlenberg 1998, 123–143

Winter/Dignas 2001 = E. Winter/B. Dignas, Rom und das Perserreich. Zwei Weltmächte zwischen Konfrontation und Koexistenz, Berlin 2001

Wolfram 1960 = H. Wolfram, Constantin als Vorbild für den Herrscher des hochmittelalterlichen Reiches, Mitteilungen des Instituts für österreichische Geschichtsforschung 68, 1960, 226–243

Verzeichnis der Abbildungen

Abb. 1	Aus *Brandt 1998*, S. 135, Abb. 18
Abb. 2	Aus *Girardet 1998*, Abb. 12, 1998
Abb. 3	Aus *Kolb 2001*, S. 206, Abb. 33
Abb. 4	Aus *Bleicken* 1992, S. 31, Abb. 1
Abb. 5	Staatliche Münzsammlung München
Abb. 6	DAI, Inst. Neg. 77-1641 (Photo: Rossa)
Abb. 7	DAI, Inst. Neg. 32.71 (Photo: Faragalia)
Abb. 8	Aus *Brandt 1998*, S. 65, Abb. 5
Abb. 9	Aus *Brandt 1998*, S. 69, Abb. 8
Abb. 10	Aus *Brandenburg 2004*, Abb. 13 (nach De Blaauw)
Abb. 11	Aus *Brandenburg 2004*, Abb. 11 (Entwurf H. Brandenburg, Zeichnung M. Bordicchia)
Abb. 12	Hirmer, München
Abb. 13	Gertrud Seidensticker, Berlin
Abb. 14, 15	Rheinisches Landesmuseum Trier
Abb. 16	Aus *Kolb 2001*, S. 202, Abb. 28

Stemma der Familie Konstantins des Großen

(Kapitälchen: Augusti und Augustae; Fett: Caesares; Kursiv: Usurpatoren)

Die Hauptlinie (Abkömmlinge der Helena)

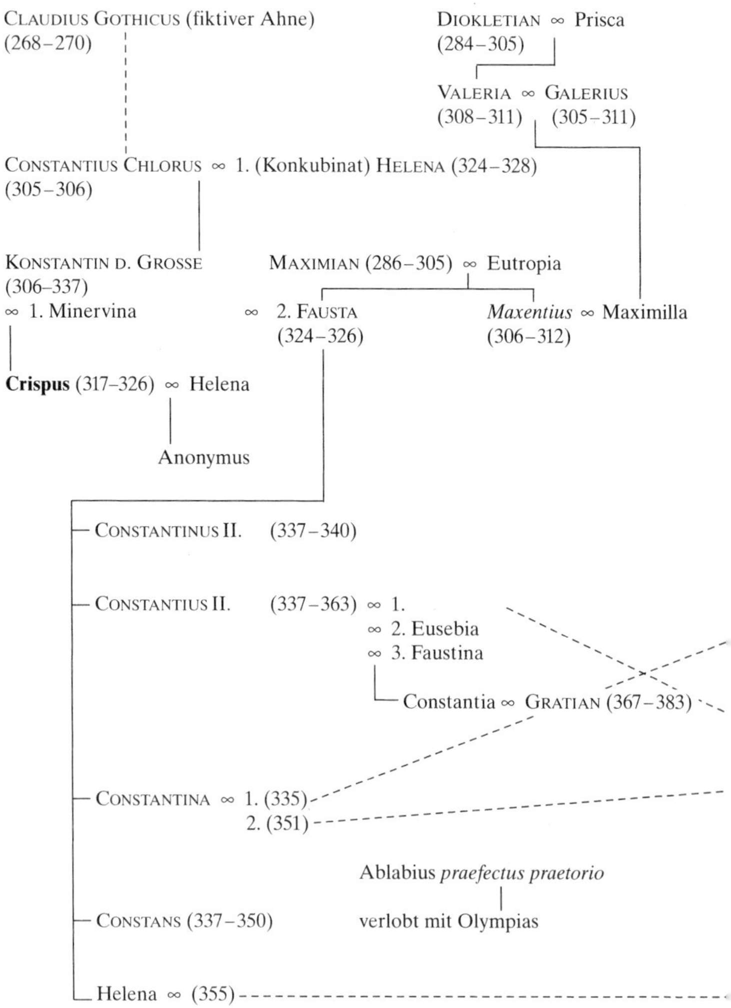

Die Nebenlinie (Abkömmlinge der Theodora)

Eutropia ∞ 1. Afranius Hannibalianus ∞ 2. MAXIMIAN

?

CONSTANTIUS CHLORUS ∞ 2. Theodora
(Tochter aus einer früheren Ehe Maximians oder Tochter des Afranius Hannibalianus, die von Maximian adoptiert wurde)

Hannibalianus

Dalmatius

Julius Constantius ∞ 1. Galla ∞ 2. Basilina

Constantia ∞ LICINIUS (308–324)

Licinianus Licinius (317–324)

Anastasia ∞ Bassianus

Eutropia ∞ Nepotianus

Hannibalianus *rex regum* (335–337)

Delmatius (335–337)

Anonymus († 337)

Constantius Gallus (351–354)

Anonyma

JULIAN (361–363)

Nepotianus (350)

Abb. 17	Aus *Bauer 1996*, S. 149, Abb. 47 (Zeichnung M. Luchterhandt)
Abb. 18	Aus *Brandt 1998*, S. 149, Abb. 20
Abb. 19	Aus *Kolb 2001*, Abb. 48
Stammtafel	Aus *Bleckmann 1996*, S. 134/135 (mit geringen Änderungen) © 1996 by Rowohlt, Reinbek

Es ist dem Verlag C.H. Beck nicht in allen Fällen gelungen, die Inhaber der Bildrechte ausfindig zu machen; der Verlag ist jedoch selbstverständlich bereit, berechtigte Ansprüche abzugelten.

Zeittafel

Um 275/80 (?):	Geburt Konstantins in Naissus (heute: Nisch)
20.Nov. 284:	Herrschaftsantritt Diokletians
April/Mai 286:	Maximianus wird zweiter Augustus neben Diokletian
März/Mai 293:	Constantius (I.) Chlorus und Galerius werden Caesares, Gründung der 1. Tetrarchie
22. Feb. 303:	Beginn der Christenverfolgung
1. Mai 305:	Abdankung Diokletians und Maximians; 2. Tetrarchie, Augusti: Galerius und Constantius (I.) Chlorus, Caesares: Severus und Maximinus Daia
25. Juli 306:	Tod des Constantius (I.) Chlorus; Ausrufung Konstantins zum Augustus, von Galerius aber nur als Caesar anerkannt
August 306:	3. Tetrarchie, Augusti: Galerius und Severus, Caesares: Maximinus Daia und Konstantin
28. Okt. 306:	Usurpation des Maxentius in Rom
Spätsommer/Herbst 307:	Maximian macht sich erneut zum Augustus; Heirat zwischen Konstantin und Fausta; Tod des Severus
November 308:	Konferenz in Carnuntum, 4. Tetrarchie, Augusti: Galerius und Licinius, Caesares: Maximinus Daia und Konstantin

310:	Maximinus Daia und Konstantin werden ebenfalls Augusti; Selbstmord Maximians; «heidnische Vision» Konstantins
30. April 311:	Publikation des galerischen Duldungsediktes
Mai 311:	Tod des Galerius
28. Oktober 312:	Schlacht an der Milvischen Brücke; Tod des Maxentius
29. Oktober 312:	Einzug Konstantins in Rom
Jan./Feb. 313:	Mailänder Vereinbarungen zwischen Konstantin und Licinius
Frühsommer 313:	Tod des Maximinus Daia
Dezember 313:	Tod Diokletians
314:	Synode von Arles
315:	Decennalia Konstantins
316:	Erster Krieg zwischen Konstantin und Licinius, Schlacht von Cibalae
1. März 317:	Crispus und Constantinus (II.) werden Caesares, ebenso Licinius d.J.
323:	Goteneinfälle nach Thrakien und Mösien
324:	Zweiter Krieg zwischen Konstantin und Licinius; Schlachten von Adrianopel und Chrysopolis; Konstantin Alleinherrscher; 8. Nov.: Constantius (II.) wird Caesar
Frühjahr 325:	Tod des Licinius und noch 325 (oder 326?) Tod des Licinius d.J.
20. Mai–19. Juni 325:	Konzil von Nicäa
25. Juli 325:	Vicennalia Konstantins in Nikomedia
326:	Tod von Crispus und Fausta
328 (?):	Synode von Nikomedia
11. Mai 330:	Einweihung von Konstantinopel
332:	Gotenvertrag Konstantins
25. Dez. 333:	Constans wird Caesar
25. Juli 335–25. Juli 336:	Tricennalia Konstantins
18. Sept. 335:	Delmatius wird Caesar
22. Mai 337:	Tod Konstantins
Sept. 337:	Tod des Delmatius
9. Sept. 337:	Constantius (II.), Constantinus (II.) und Constans werden Augusti

Namens- und Ortsregister

Ortsnamen, Flüsse und Regionen kursiv; in Klammern die heutigen Bezeichnungen

Sachregister